正能量

澳门人物故事专访

萧志伟／主编

社会科学文献出版社
SOCIAL SCIENCES ACADEMIC PRESS (CHINA)

《正能量：澳门人物故事专访》

主　　　编：萧志伟

编辑委员会：陈志峰　黄万滨　王　瑶

　　　　　　余韶洲　吴家宝　张绮华

采编组成员：梁锦生　陈庭婷　李佩祯

　　　　　　王锦江　谭晓蔚

出　　　品：

鸣　　　谢： 澳門基金會
　　　　　　FUNDAÇÃO MACAU

策　　　划： 文化公所
　　　　　　Hall de Culture

本作品由澳门文化公所授权社会科学文献出版社独家出版发行中文简体字版。

序　言

　　时光荏苒，步履匆匆，从 2014 年澳门正能量协进会（MPEA）成立至今，眨眼已过去五年。尽管营运资源紧张，但MPEA 一直毋忘初心，以"培育澳门青年人才，携手传播社会正能量"为发展目标。过去五年，MPEA 团队进行了大量的采访工作，于网上发布一些"澳门人澳门事"的专题文章，旨在推动文化创意产业发展，发挥共建共享精神，宣扬好人好事，凝聚社会善念。今日，我们将这些文章结集成书，感到高兴之余，亦希望澳门市民，特别是年轻一代读者可透过此书从不同角度去认识澳门，从中得到启迪，积极向上，奋发有为。

　　在中央政府支持下，澳门自回归以来，社会繁荣和谐，取得今时今日的发展成果，离不开一代又一代澳门人的不懈努力。翻阅此书，我们很高兴发现，近年来不少青年社团致力推动本澳产业多元化发展，为大众创设更优越、更美好的社会环境；中老年朋友敬业乐业、坚守岗位、用心工作，为年轻一代树立良好的榜样；越来越多的年轻朋友在本地乃至全国舞台上一展所长，取得佳绩，为自己的梦想和目标积极打拼、奋斗，令人鼓舞。本书的访问对象，不乏翘楚俊彦，他们都拥有丰富的社会阅历、渊博的知识学问；聆听其真知灼见，定能有所裨益。

本书得以出版，首先要感谢所有受访者，他们在百忙中拨冗受访，分享其心路历程，是对MPEA的信任。值得一提的是，MPEA采访团队大多是传媒工作者出身，拥有一定的采访经验，他们在短时间内了解受访者，使访问在无拘无束的气氛下进行，加上认真撰写文章、查证资料，令此书的内容更见独特、真诚、全面；他们亦在大量的采访训练中，增加了工作经验，实现自我提升。此外，有赖出版团队过去一段时间对文章整理、修订工作投入了极大的热情和心血，才得以结集成书，向读者有系统地展示扎实的采访内容。

澳门回归即将二十周年，正面对新发展态势，如何把握机遇、克服挑战，需要各界齐心协力、共同思考。展望未来，MPEA将继续秉持初心，团结本澳各界人士，冀藉此平台汇集各界所长，凝聚正能量，共迎新挑战。

萧志伟
澳门正能量协进会会长

目　录
CONTENTS

1 匠心独运

——传承造船工艺的老师傅温泉

造船工艺是手作，不能只靠文字、图片来传承，外行人亦很难理解其奥妙。没有模型实物，要让大部分属"门外汉"的我们深入了解造船文化，谈何容易呢？2015年，文化局澳门历史档案馆主办"匠心独运——温泉造船工艺展览"，在该馆长廊展出逾十艘由本澳资深造船工匠温泉亲手制作的帆船模型，正好让大众进一步了解船业的工艺、历史与文化。

造船业是本澳传统工业，历史横跨一个半世纪。昔日，造船厂遍布澳门多处，数千艘渔船扬帆海上，见证本澳由小渔村逐渐发展成现代城市的历程。但时至今日，造船业已彻底式微。提到造船业，年轻一辈只会想到路环荔枝碗等那些地方由木材和铁板简陋筑成的旧船厂，至于当年厂房内造船工人一木一钉建造渔船的景象，则闻所未闻。而造船工人为船身装上钉子和螺丝，涂上油漆，再在船身加上主要配件等造船过程，往往只能在老照片和文字记录里看到。

"匠心独运——温泉造船工艺展览"展出逾十艘由温泉亲手制作的帆船模型

然而，造船工艺是手作，不能只靠文字、图片来传承，外行人亦很难理解其奥妙。没有模型实物，要让大部分属"门外汉"的我们深入了解造船文化，谈何容易呢？ 2015 年，文化局澳门历史档案馆主办"匠心独运——温泉造船工艺展览"，在该馆长廊展出逾十艘由本澳资深造船工匠温泉亲手制作的帆船模型，让大众进一步了解造船业的工艺、历史与文化。温泉坦言自己以大船细作的模式，再参考不同的渔船、货船等船种的相关文献，才制作出多艘逼真的帆船模型，呈现造船工艺这独一无二的文化瑰宝。

船匠巧手炮制镜海帆影

接近古稀之年的温泉成长于一个渔民家庭，自小便对造船工艺充满兴趣。随着其父亲开始从事拆卸废旧船只变卖木柴的工作，18 岁的温泉亦因此学会了如何拆卸船只，并被船只复杂的构造深深吸引。一年后，他便正式展开其造船学徒生涯，后来获船厂聘任为造船匠。直至 20 世纪 80 年代末，他毅然选择离开造船业，从事其他工作，但仍担任造船工会要职，代表业界发声和争取合理权益。已经退休、年老体弱的他，竟重拾造船工具，于历史档案馆展出其亲手制作的模型船，原来有段古……

2014 年，在历史档案馆举行的"中国式风帆渔船制作"专题讲座，邀得温泉担任主讲嘉宾畅谈中国式渔船的制作、传统中国式风帆渔船与西式机动渔船的比较以及澳门造船业发展的独特内涵等。其间，有观众提问："现在还有人可以做真的帆船出来吗？"温泉的回答是："一定有人做到，不过未必是我。造船业的多位行家仍健在，大家合力的话应该可以做到。"尽管造船业已退出历史舞台，昔日许多船厂已变成一片颓垣败瓦，但他对业界同工的手艺仍充满信心。

半年后，温泉脑里突然冒出个想法，就是亲自制作三两只船模送给朋友。他表示："人生在世难免遇到一些不如意的事，这期间幸得一些朋友伸出援手，例如曾替我治疗肠癌的主治医生，协助我入院的好友。为了报答他们，我决定重新拿起造船工具。造船是一门传统手艺，

本澳自身造船工匠温泉亲手制作帆船模型

温泉根据真实渔船比例手工制作的船模

我制作的这些船模，从材料、工具和技巧上，和制造真船都是完全一样的。"

但问题来了，在哪里造船好呢？已退休一段时间的温泉，平日没有办公的地方，想来想去只好留在家里做。他和家人同住，儿子和儿媳都是轮班工作的，而造船发出的锯木声、电钻声，有时会影响他们的休息。于是，他改变主意，将造船的地点搬到历史档案馆前的石凳上，露天工作。某日，历史档案馆馆长刘芳见到他孜孜不倦地造船，便主动邀请他将工作地点移师至档案馆外的长廊（即为后来展览举行的地方），有瓦遮头，便不用担心风吹雨打，且馆方还乐意提供工作台、凳等设备。

当时温泉做的第一支船模已完成了一半，他脑里又冒出一个想法，是希望长驻在这里工作，多做几支不同类型的船模。于是他便和馆长刘芳商量，最后双方达成共识，并签订了一份协议书，内容是馆方允许温泉在这里工作，并提供简单的工具设备，而他愿意将成品借给馆方做展览之用。

有了开展览的念头，温泉做得更卖力，他像打工仔一样周一至周五

温泉根据真实渔船比例手工制作的船模

"朝八晚五"地开工，很快便完成了首件成品。在馆方的鼓励下，他加快了制作速度，且不断研究技术。所谓工多艺熟，他终凭一己之力，打造出逾十艘栩栩如生的帆船模型，而每个船模的制作时长平均为120个小时。

在档案馆外工作期间，拿着造船工具的温泉亦意外地受到了关注。好奇心驱使下，不少市民和外籍游客前来欣赏其技艺。他亦发觉这里是很好的交流平台，除了能与大众畅谈造船话题外，又可展演日渐失传的造船工艺，将传统工艺活化，推动造船文化走入社区。后来有朋友告诉他，连外国新闻网站也有报道他这次造船的经历，令他大感惊讶。

谈到举办展览的收获，温泉认为自己的劳动成果得到认同，非常高兴。此外，能在若干个月内完成逾十艘不同类型的船模自觉无枉费当年的学师经验。他又说："到了我这个年纪，还能为社会做一些有意义的事，便感到相当满足。"

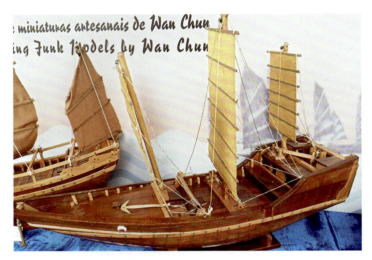

温泉制作的船模

回望造船生涯有悲有喜

一位六十多岁的造船师傅重操旧业，马上便得到社会大众认同，看似做什么事都很顺利，但又有谁知道，已离开造船业数十年的他，再次拾起造船工具，需要面对多少困难呢？

温泉深有感触地说："事隔多年，当年学到的造船功夫难免有点生疏，所以做第一只船时便出现失误。这时，只好请教昔日的同行手足，经对方提示，我才找到了方法。"这位白发老人开口不离人生大道理，他认为求学之路无分年纪，只有多请教别人，才能避免走上冤枉路。

回忆自己前半生的造船经历，温泉不禁感慨万千，其中有两件事对他影响甚大。一是他当造船学徒前，曾在一间锯木厂工作。当时才十多岁的他，使用电动锯时不慎伤及自己一根手指，老板却认为"是他不小心，才导致这次工场意外"。他大受打击，于是决心学一门手艺——加入造船业，以证明

温泉根据真实渔船比例手工制作的船模

"朝八晚五"地开工，很快便完成了首件成品。在馆方的鼓励下，他加快了制作速度，且不断研究技术。所谓工多艺熟，他终凭一己之力，打造出逾十艘栩栩如生的帆船模型，而每个船模的制作时长平均为 120 个小时。

　　在档案馆外工作期间，拿着造船工具的温泉亦意外地受到了关注。好奇心驱使下，不少市民和外籍游客前来欣赏其技艺。他亦发觉这里是很好的交流平台，除了能与大众畅谈造船话题外，又可展演日渐失传的造船工艺，将传统工艺活化，推动造船文化走入社区。后来有朋友告诉他，连外国新闻网站也有报道他这次造船的经历，令他大感惊讶。

　　谈到举办展览的收获，温泉认为自己的劳动成果得到认同，非常高兴。此外，能在若干个月内完成逾十艘不同类型的船模自觉无枉费当年的学师经验。他又说："到了我这个年纪，还能为社会做一些有意义的事，便感到相当满足。"

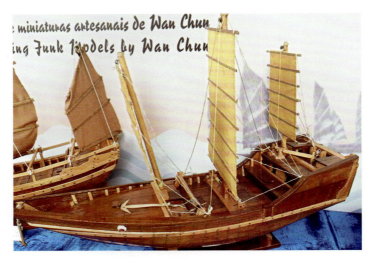

温泉制作的船模

回望造船生涯有悲有喜

　　一位六十多岁的造船师傅重操旧业，马上便得到社会大众认同，看似做什么事都很顺利，但又有谁知道，已离开造船业数十年的他，再次拾起造船工具，需要面对多少困难呢？

　　温泉深有感触地说："事隔多年，当年学到的造船功夫难免有点生疏，所以做第一只船时便出现失误。这时，只好请教昔日的同行手足，经对方提示，我才找到了方法。"这位白发老人开口不离人生大道理，他认为求学之路无分年纪，只有多请教别人，才能避免走上冤枉路。

　　回忆自己前半生的造船经历，温泉不禁感慨万千，其中有两件事对他影响甚大。一是他当造船学徒前，曾在一间锯木厂工作。当时才十多岁的他，使用电动锯时不慎伤及自己一根手指，老板却认为"是他不小心，才导致这次工场意外"。他大受打击，于是决心学一门手艺——加入造船业，以证明

自己并非一个粗心大意的人。二是他获聘为造船学徒后，规定要在三年时间
内于利记祥船厂里随造船师傅学艺。其间，有次正专注工作的师傅叫他递上
铁锤，他照做后却被师傅狠狠地捆了一巴掌，当时他不解之余心里更用上不
少狠毒的话责骂师傅。事后，他才知错，意识到当时自己该递上有木柄的那
一边给对方，避免发生工伤。他亦逐渐体会到师傅的苦心，誓言要当个合格
的造船匠。

温泉直言当年入行要求非常严格，新人满师后要到工羡行会馆（早期
造船工会）登记，才能正式成为造船匠，以确保行业声誉。此外，刚满师
出身的新人，要在一间船厂里站稳
阵脚也不容易，同事之间充满竞争
和排挤。当时还是新人的温泉，加
入第一间船厂后便敌不过竞争，结
果被老板炒鱿鱼。幸好在朋友介绍
下，他来到另一间船厂工作，这次
他学精了，除了更勤力付出汗水外，
亦学会与同事打好关系，终找到在
船厂立足的方法。当他成为资深师
傅后，还介绍了不少新人入行，积
极提携后辈。

温泉制作的船模

在船厂打了 20 多年工，温泉在
20 世纪 80 年代后期选择离职，转
投酒店工作，及后加入澳门工会联合
总会投身社会服务，且有一段时间担
任造船工会主席，为业界发声和争取
权益。谈到造船工人待遇的问题，温
泉表示："造船工作虽然出卖劳力，

温泉这一辈子都在建造大大小小的船只

但也没外人想象的那么辛苦，而且薪酬是不错的。船厂是讲制度的，我们上班时间准时，如果要额外加班的话，船厂会严格补足工钱。而工会会跟船厂谈判，保障工人的津贴和福利。但造船工人有工作淡季，就是每年的 4 月（清明时节）和 7 月，渔民普遍不喜欢在这两个月装新船。因此，要'好天揾埋落雨柴'（未雨绸缪，事先做好准备），以弥补在淡季的零收入。"

传承手艺延续薪火相传

过去，某些船厂虽然设备简陋，但是造船工人凭着丰富的经验和有一定水平的技艺，令本澳造船业在与内地的竞争中尚存优势。然而随着木材价格上涨、渔业萎缩、铁船正慢慢取代木船地位等种种原因，造船业逐渐式微，造船工人不得不黯然离开船厂这个难以维生的大舞台。澳门多间造船厂接连倒闭，部分还能幸存的船厂则转至路环，在海角附近的荔枝碗区继续经营。于是，荔枝碗船厂区见证了澳门造船业最后的日子。如今，荔枝碗船厂大部分已经荒废，而不少造船工人亦已转投其他行业。

在澳门历史档案馆外工作的温泉

　　政府早年推出"路环旧市区荔枝碗规划"研究，拟咨询民间意见，令保育、传承昔日本澳造船业文化的声音再次响起，但相关规划"长煲冇米粥"（难以落实），周而复始停留在不同部门的分析、研究和协调中。

　　据悉，造船工会目前最年轻的成员都已步入五旬，随着记忆力下降，对昔日造船之事难免记忆模糊，未必能详细忆述。但温泉却不担心造船工艺会因此失传，他直言："造船业辉煌不再，虽然令人不胜唏嘘，但有价值、大家又认同的造船工艺，总有它的生存空间。例如我为展览制作的船模，曾有人向我出价逾万元想要，这说明它有商业价值，此外，我在档案馆外造船期间吸引了不少人围观，亦证明造船文化有受市民爱戴的精神价值。只要有人肯学，相信造船工艺会一直传承下去。"

　　为揭开造船工艺的神秘面纱，温泉透露已为电视台拍了一连多集关于造船的教育特辑。在节目中，他对材料、工具和技巧等逐一讲解，带出"只要肯尝试，一般人也可以成为造船匠"的讯息。他亦不排除会授徒，延续薪火相传。

温泉在一丝不苟地制作船模

2　一碗凉茶的平静

——Samantha 化苦为甘

假如你是大学毕业生，你愿意抛头露面派宣传单张、开着电单车东奔西跑送三大袋凉茶及炖汤外卖，只为那一两元小费，还要受客人无理责骂吗？人称"十蚊"的余保和凉茶世家第二代接班人 Samantha，经历过以上种种困境，并告诉你坚持的理由。

假如你是大学毕业生，你愿意抛头露面派宣传单张、开着电单车东奔西跑送三大袋凉茶及炖汤外卖，只为那一两元小费，还要受客人无理责骂吗？人称"十蚊"的余保和凉茶世家第二代接班人 Samantha，经历过以上种种困境，并告诉你坚持的理由。

余保和是凉茶世家

传承手艺延续薪火相传

因为爱好旅游，十蚊在 16 岁时便成了全澳最年轻的导游，并在大学选读了旅游商业管理学位，再往英国就读国际会展商业管理硕士。十蚊从事过旅游相关的工作共有十多份，只为实践自己梦想，追求更广的视野与见闻。毕业后回澳工作，十蚊表示，在外地拼搏了三年，是她人生中历练、见闻及经验得到升华的时光，当时的十蚊就像一把火，拼劲非常，一天有 24 小时都用不完的精力。

但在职场上无止境的拼搏与追逐，令十蚊开始思考自己的人生。"以前帮公司做了一单三十万的生意，下次就是三百万，刹那的满足过后又是无休工作，那是金钱上不断屡创高峰的追求。"出外工作没有"朝九晚五"的概念，背黑锅挨骂的情况也有，对于十蚊来说，或许这到最后只剩下"学到好多嘢"的安慰。

随着阅历渐丰富，十蚊觉得，与其帮人打江山，还不如帮自家打江山，她说："当你在一个地方学习已经到了顶峰，没有可以再进步突破的空间，就是时候要走。所以决定离开，去争取自己的进步。"自八岁起，十蚊便不时到凉茶店帮忙，加上她自小就是药罐子，一直以来全靠母亲的炖汤才得以壮健成长，早在十多岁时就曾想过，将来总有一日会回来接手凉茶店。余保和不但是养大她的地方，更是她的情意结。现在长大成人，更不应该忘本，加上妈妈身体已有毛病，自己亦觉得是回来的时候。

早在十多岁时，十蚊就想到将来总有一日会回来接手凉茶店

重新出发

虽然自小有到凉茶店帮忙，但十蚊表示，当初从职场回到凉茶店时，其实难以适应。由于传统家业与大企业之间所接触对象、出入场所与思维有着翻天覆地的差别，而十蚊妈妈是位较为传统的女性，怕树大招风，不敢做广

告，对于十蚊刚回来余保和接手时略欠信心。两母女常会有意见分歧，看重制度化的十蚊亦为此承受过沉重的压力，甚至曾经因与妈妈争吵"激动到晕低咗"（激动到昏倒）。十蚊初接手凉茶店时，感到自己对中医的知识只有皮毛，于是毅然到澳大报读中医养生食疗课程，然后又到广州实习，并考得中医养生方面证照。

十蚊付出了很大努力，希望得到妈妈的信任与认同

然而好学的十蚊并未因此满足，认为这不过是浩瀚学海中的冰山一角，获得证书后，继续拓展有关养生补键的中药知识及膳食疗方。此外，十蚊还学习平面设计，对余保和的格局做一定修整，设计各类凉茶招纸与图文。十蚊非常明白若要得到妈妈的信任，就要做出成绩给妈妈看，证明自己并非三分钟热度。通过一年多的努力，十蚊妈妈终于放心把余保和交托给十蚊，让她有更多的机会发挥。

经过十蚊的改造，余保和的
产品文案十分吸引人

新颖的包装设计，为余保和开拓更大的市场

"和"的启发

正所谓"做有意义的事情，本身便是对生活的享受"。相较于职场上得到的满足，余保和则为十蚊带来内心的圆满。对于心态上的改变，十蚊说："平时病人来饮过茶康复后，都会向街坊介绍，每次见到大家饮完茶后第二天又精神饱满，笑逐颜开，那种感觉就是一种累积了功德的过程，这份细水长流，简简单单，是过往职场中找不到的快乐。此外，这里没有外面公司阶级职位之别，工作上

凉茶让十蚊领略到"和"的含义

一碗良药，从来都不简单

大家都是平等做同一件事，即使是我，有时也要帮忙清洗碗碟。而且每个员工都是我尊敬的长辈，彼此没有距离，待我就像家人一样，跟妈妈有一些小争吵时，她们都会在我身边支持我，大家平时也有说有笑。"正是这种心的接触使十蚊领略到余保和当中的"和"字原来有着这番深意。

　　在乱世中追求名利，怎样也不及一碗凉茶带来的平静与满足。

3 行动力女王

——草根荷官向上流动的故事

说起澳门，九成人都想到赌业。而 Maple，就是赌权开放以来的第一批荷官。面对金钱花碌碌的世界，对当年 18 岁的社会新鲜人 Maple 而言，是前所未有的体验。那么，她是如何在"社会大学"里站稳阵脚，发展自我的呢？

说起澳门，九成人都想到赌业。这篇访问的女主角 Maple，就是赌权开放以来的第一批荷官，见证着这十多年间小城经济腾飞。面对金钱花碌碌的世界，对当年 18 岁的社会新鲜人来说，是前所未有的体验。那么，她是如何在"社会大学"里站稳阵脚，发展自我的呢？

想当年

Maple 自小就和父母分隔异地，独自留在内地读书。她以前十分羡慕弟妹能在大城市生活，后来到了澳门，才知道原来一家六口一直过得非常艰苦。当时他们住在大三巴后的木屋里，居住环境又小又烂，食饭读书睡觉都是同一个地方。Maple 忆述以前在新会，和奶奶一起住的是农村两层式大宅，家里电器齐全，加上每次爸妈回来都会掏一千到两千元生活费给她做补偿，一直过着愉快甚至称得上富裕的童年。

刚满 18 岁的 Maple 获批来澳，便要工作赚钱养家。她说以前"玩惯叹惯"（习惯享乐），是时候要回报家人了，但母亲私底下鼓励她继续读

积极上进的Maple，工余持续进修，提升自己
（图片由受访者提供）

书。那时候，她一边兼职一边上夜校重读高三，更成功获得补送澳门大学的机会。"记得开学第一天为了不让爸爸知道而提早出门，最后还是被识穿拦截了。"

工作赚钱

无可奈何，现实归现实。适逢澳门赌权开放，多间赌场正筹备开业，报读博彩培训课程成了她当时的一条出路。"读了不够一个礼拜，已有赌场来请人，接受培训就有一万元一个月的待遇。"家人都一致赞成 Maple 入职。

在某间赌场工作了半年后，她得知另一间赌场的荷官人工达一万三千多元，于是便跳槽过去。跳槽的这间赌场是外资企业，无论是文书语言、入数程式等都是英文，几乎任何时候都要用到英语。这时，Maple 发觉自己

Maple 在澳洲墨尔本市内的 Monash College
修读商务英语（图片由受访者提供）

的英语水平不如人，便决心向公司申请长期上夜班，用早上的时间读书增值，报读英文、会话、电脑等短期课程，增值自己。随着赌场业务不断发展，过百位员工按年资晋升，她有幸成为其中一员，用了两年时间便升为实习主管。

2005 年，Maple 收到另一间赌场将筹备来年开幕的消息，便报名应征主管级职位，成功转到那里做"开荒牛"。两年过去，看着同期同事一个又一个晋升，机会永远失落于自己，Maple 又开始质疑自己的能力。2007 年，另一间新赌场开张，为了"搏一铺"（拼一把），她决定再跳槽，因缘际遇，当上了监场经理。

亲子同乐

2012 年，Maple 成了三个小孩的母亲，她的生活焦点开始转向家庭，期望的不再是升职，而是能够有更多时间陪在小朋友身边。

13 年的轮班工作，不是人人都捱得住的。为了找到更安稳的工作，抛开书包足足九年的她，决心报读澳门理工学院的博彩与娱乐管理学士课程。每天工作 9.5 小时，上学又要 3 小时，但无论多辛苦都好，Maple 都坚持到街市买最好的饭菜给家人。"每次去买饭前我都会先打电话给帮衬开的档口，叫他们留几斤菜，或者帮忙剖好一条鱼，以便节省时间。"

Maple 完成 15 个月 Pride-Leadership Track 培训课程（图片由受访者提供）

说到和孩子的相处之道，Maple 很雀跃地说起澳门政府资源充裕，以教青局为例，就有很多比私人课程便宜一半的兴趣班，价钱合理之余，师资亦有保证。"不少家长带小朋友上兴趣班，几个钟就坐着等他们；我不会的，我会落场一起学，游水，我就一起游水，因为我也需

老公和三个小孩，是 Maple 的一切动力和欢乐的来源（图片由受访者提供）

要运动，需要放松身心。这样一来亲子间更有话题，二来更善用时间。"孩子是她的欢乐来源，把握时间和她们谈心、教她们道理，这就是她简单的亲子同乐之道。

规划自我

对于博彩员工未来的前景，Maple 认为，只有具备科技触角与良好的语言沟通技巧，才能在逆境中突出自己。因此，荷官要不断学习，从而提高自身优势。为了家庭和事业，这位"行动力女王"没有一刻停下来，接着将报读澳大的公共行政硕士课程，甚至希望把自己的目光再放远一点，以完成博士衔头为目标。

Maple 表示机会需由自己争取

Maple 表示，澳门博彩业发展迅速，在与外籍同事或上司沟通中，如何运用语言表达自己对工作的态度与看法相当重要，机会是由自己主动争取的。她寄语年轻人要不断装备、进修和提升自己，将目光放长远，开阔眼界，力争上游，在未来人生道路上创出自己一片天。

4 勇闯高峰实现梦想

——首支澳门团队登喜马拉雅山

登山从来不易，除了消耗大量体力外，也是考验个人实践攀上高峰梦想的坚持。2011年，体育老师郑智明与攀山团队一起登上喜马拉雅山，当时他对同伴说，终有一日，我会带着一队澳门人站到这地方。五年后，他不仅实现了自己的理想，也为一班渴望登上喜马拉雅山的澳门年轻人圆梦。

　　登山从来不易，除了消耗大量体力外，也是考验个人实践攀上高峰梦想的坚持。2011 年，体育老师郑智明与攀山团队一起登上喜马拉雅山，团队只有他一个澳门人，当时他对同伴说，终有一日，我会带着一队澳门人站到这地方。五年后，他不仅实现了自己的理想，也为一班渴望登上喜马拉雅山的澳门年轻人圆梦。由青年圆梦协会及青年领袖探索协会组织的"健行喜马拉雅山暨关爱行动计划"于 2016 年 8 月圆满结束，在郑智明的带领下，一行 17 人完成了为期 23 天的旅程，成为首支登上喜马拉雅山脉的澳门团队。

登山之旅改变人生

　　郑智明是一位热爱运动的体育老师，他把自己喜爱的登山运动带入校园，盼学生能感受运动带来的喜乐。过去，他曾经历挚亲离世、失婚及患上抑郁症等人生低潮，但因为接触攀山活动，他发现自己在山上，面对大自然时，人类其实非常渺小，从而悟出为人处世，应该要保持不卑不亢态度的道理。既然登山改变了自己的人生观，他亦决定带更多的学生上山，希望他们

导师郑智明（左）与黄雅涵

从中有所领悟，继而完善自我。

于是，郑智明和志同道合、攀山经验同样丰富的黄雅涵便开始策划组织澳门人登上喜马拉雅山的活动，并到本澳不同学校宣扬登山文化。2015年，在高等教育辅助办公室（"高教办"）的支持下，本计划组织一班大学生成团起行，但碰巧尼泊尔发生地震，计划只好取消。两位攀山达人胜在够魄力，2016年卷土重来，继续朝这目标进发。由于得到多方帮助，他们克服了初期筹集资金的困难，终在同年4月组成了一行17人的登山团队。团队由不同文化背景及年龄的人组成，有老师、社工及学生等。

徒步登上顶峰

由郑智明与黄雅涵率领的一行人，于2016年7月29日从澳门出发前往尼泊尔，于8月1日到达喜马拉雅山脉安纳普拉环形山区登山口，展

一行17人徒步完成超过150公里的健行之旅（图片由受访者提供）

开健行之旅，沿途经过溪流、土地流、瀑布、丛林、冰川与湖泊等地段。8月 10 日凌晨从海拔 4800 米的 High Camp 出发，并在早上 9 时抵达海拔 5416 米的 Thorong La Pass，其后回到海拔 3500 米的穆丁拿，再以走路及坐车的方式回到加德满都，结束徒步超过 150 公里的健行之旅。

谈到登上 5416 米的高峰，郑智明表示当时气温在零度左右，也下着雪，但掩盖不了团队激动与喜悦的心情。相互拥抱、拍照留念及感恩祝福，大家对于成为首支踏足喜马拉雅山脉的澳门团队成员感到兴奋。郑智明又说："我们花了 12 小时徒步登上顶峰，由于天气原因不宜久留，所以一行人很快便要赶着下山。落山时沿路有碎石坡，幸好当日放晴，路看得清，危险性相对减低一些。"

作为领队导师，郑智明与黄雅涵全程要看管 15 位成员的安全，压力不小。黄雅涵说："有成员上山期间接到电话，得知家人生病了，希望他能赶回家，但当时的情况很难安排到这位成员独自下山，于是我们只好说服他的家人，让他继续完成旅程。最后他下山时，亦幸好收到了家人病情好转的消息。"虽然上山过程非常艰辛，但当她看到成员站在高峰露出喜悦之情时，便觉得一切付出都是有价值的。

年轻人充满活力，在恶劣环境下依然昂首前行（图片由受访者提供）

过程一波三折

四位成员欧咏琳、邓兆佳、张锡欣、黄佩玲坦言这次旅程非常难忘，各人在上山期间一齐玩乐嬉戏，互相照顾，友情大增。他们笑说："有的由原来不相识成为知己，有的更由朋友发展成一对。"

团队成员（左起）黄佩玲、张锡欣、欧咏琳、邓兆佳

任职社工的邓兆佳说："登上喜马拉雅山，对过去的我来说是很遥远的事，但我觉得一生中总要挑战一下自己，于是便参加这次计划。出发前，领队安排我们接受体能训练，例如去香港行山。记得当日天气酷热，行了二十几公里的路，我觉得自己快要撑不住了，但领队不停在背后鼓励我，又帮我拎背囊，我才勉强完成挑战，但亦因此意识到自己体能不足，所以去尼泊尔前加强了个人训练。"

另一位社工黄佩玲亦为参与此次旅程，克服了不少难关。"出发前，父母一直是反对的，因为很担心我的安全，而且上山的装备所费不菲，他们不明白为何我要'畀钱买难受'（花钱买罪受）。但登上喜马拉雅山，是我大学时期已定下的理想，为了实现这目标，我只能选择坚持。"她在山上 3500

米时，感受到人生第一次的高山反应。"当时是下午，我由最初的头晕慢慢变成头痛，四肢乏力，只能瘫坐在床上，其间同房好友一直照顾我，为我斟水和盖被，后来我休息了一会儿和吃饭后，气息便恢复过来，接着完成之后的旅程。"

欧咏琳和张锡欣在旅途中亦有不少感悟，张锡欣感触地说："其实人生需要的东西没有我们想象中的多，例如上山前准备了很多东西，但到了当地发现未必用得着。此外，上山后少玩了手机，反而多了机会和别人面对面相处。"

挑战自我圆梦

总结这次旅程，郑智明坦言自己梦想成真："2011年暑假，在5000多米的山上，当时的团队只有我一个澳门人，但五年后则有一行17人。这种结伴同行的感觉，令人难忘。对学员来说，也有不少收获，除了完成个人挑战外，最重要是学懂互相照顾、默默付出、谦逊有礼等品格，这对他们日后的个人发展也有帮助。"他表示未来会继续举办登山活动，及推广相关的知识和文化，冀让更多年轻人参与和乐在其中。

山路崎岖，但绝不轻言放弃（图片由受访者提供）

5 澳门建筑师的励志故事

——专访覃思

覃思，是近年来在内地建筑设计界急速冒起的一个名字。这位来自澳门的建筑师，在"2016上海国际室内设计节"同场举行"金座杯国际建筑室内设计奖颁奖礼"上，与来自中国台湾、中国香港和新加坡等多位设计师，共享"金座杯卓越奖"的殊荣。到底他是如何凭着努力，在业界打拼出自己的一片天地呢？

　　"2016 上海国际室内设计节"在上海商城剧院举行，主题是"设计亚洲"，亚洲各地区的顶尖设计师、艺术家、学者齐聚一堂，场面热闹。同场举行"金座杯国际建筑室内设计奖颁奖礼"，该奖项是上海国际室内设计节组委会为当今国际室内建筑设计领域设立的最高荣誉奖。中国著名古城镇规划保护专家阮仪三、日本著名建筑大师隈研吾分夺"金座杯大师奖"，而中国澳门建筑师覃思，则与来自中国台湾、中国香港和新加坡等多位设计师，共享"金座杯卓越奖"的殊荣。

澳门建筑师覃思不断努力，成就梦想
（图片由受访者提供）

与来自中国台湾、中国香港和新加坡等
设计师，共享"金座杯卓越奖"的殊荣
（图片由受访者提供）

澳门人在内地打响名堂

　　覃思，是近年内地设计界急速冒起的一个名字。他是 TCDI 创思国际建筑师事务所创始人、设计总监，同时，也是广东维美工程设计有限公司以及深圳和华国际工程与设计有限公司的董事。他创作领域宽阔，从事城市规划设计、建筑设计、室内设计、软装设计等。代表作有"肇庆图书馆""广州赛莱拉干细胞科技办公室"等。个人方面，覃思亦屡获殊荣，曾夺"第十一届现代装饰国际传媒奖年度精英设计师大奖",获 CIDA（中国室内装饰协会）评为"2012~2013 年度全国优秀室内设计师"，也是 CIDA《LUXE 莱斯》中文版 2014 中国室内设计年度封面人物。近年来，覃思多次获邀出席内地具规模的设计盛事，以及在不同场合担任演讲嘉宾，分享设计心得，博得满堂彩。说他是内地设计界的"当红炸子鸡"（正走红的人），一点也不为过。

一个澳门人在内地打响名堂，绝非易事。先回顾一下他的成长经历：覃思从小就很喜欢画画，具艺术创作天分，年纪轻轻的他，已得到校长和老师们的垂青。中学毕业时，他被保送赴葡萄牙读法律专业。"原本当个律师也是不错的选择，可是终究发现跟我的梦想有差距，所以最终放弃了这个选择。"覃思幸运地得到当时濠江校长杜岚等人写推荐信，便成为首位特批免试入读华南理工大学攻读建筑学专业的澳门学生，"现在想来，这也是学生时期的一大'荣誉'"。

建筑设计作品"肇庆市图书馆"
（图片由受访者提供）

室内设计作品"广州赛莱拉干细胞科技办公空间"（图片由受访者提供）

由建筑设计到室内设计

人找对了方向，做自己擅长的事自然如鱼得水，覃思的出色表现得到大学老师们的认同，并获安排到内地建筑公司参与实习，汲取经验。毕业前，覃思在考虑前途时心里有挣扎，他认为澳门建筑设计领域较沉寂，回澳发展未必是最佳选择，但人离乡贱，留在内地"冇（没有）背景""冇人脉"，要站稳阵脚也是不易的。这时，他的毕业设计作品参加公开竞投中标，获得市重点工程项目实施，令他有了"留下来"的信心，毕业后顺理成章在广州创办了公司，业务范围涉足建筑、室内、平面、广告等。

覃思是个制定了目标便会坚定不移去实现的人，他凭着聪明和勤奋，很快在业界打出自己的一片天地，并通过业务积累了许多高端人脉。这时，他发现公司业务量虽多，但在行业里没有形成核心品牌，在圈内知名度还不高，没有真正属于自己的位置。经过认真的审视和规划，覃思为公司重新定位：加强在建筑设计方面的业务能力，并利用自己建筑师的优势，重点发展室内设计项目，打造优质专案。之后公司负责的项目，亦开始赢得业界的认同及多次获奖，业务蒸蒸日上。

不鸣则已，一鸣惊人

覃思创办公司至今多年，总结自己的创作历程，他认为前十年是积累经验，打好根基，之后五年是思考发展方向，其后才是爆发期，不断展示设

担任演讲嘉宾，分享设计心得，博得满堂彩
（图片由受访者提供）

发表得奖感言
（图片由受访者提供）

计成果。"近年来一些朋友说在内地不同媒体上见到我，觉得我好厉害，但如果没有之前那些刻苦的经历，我不会创造出现在的成绩。现在一些年轻设计师会想方设法让自己出名，然后再靠名气接工作，而我选择的路正好相反，我觉得先打好基础、做好自己的作品更重要，然后等待时机，不鸣则已，一鸣惊人。"

提到未来发展方向，覃思称如今公司业务已上轨道，他正在培育和扶持更多新晋的年轻设计师，未来除了专注设计领域以外，也希望连接更多的可能性。

6 澳门青年无极限

——专访"旺旺孝亲奖"微电影组澳门获奖者

澳门有不少有志向、具才华的青年人投身文创产业，但社会有声音认为澳门市场小、资源不足等，从而不看好其发展前景。然而，有两位本地年轻人带领澳门出品冲出澳门，向社会展现了只要有平台，澳门的文创产业同样能有让世人瞩目的成就。

　　经济适度多元是澳门特区政府致力推动的发展方向，不少非博彩元素行业的发展均受到社会注目，如特色金融、会展、文创等。当中，澳门有不少有志向、具才华的青年人投身文创产业，但社会有声音认为澳门市场小、资源不足等，从而不看好其发展前景。然而，有两位本地年轻人带领澳门出品冲出澳门，向社会展现了只要有平台，澳门的文创产业同样能有让世界瞩目的成就。

　　在澳门正能量协进会（下称"正会"）所举办的培训课程中，有两名年轻导演——吴洋洋与黄子杰，在聚集海峡两岸高手作品的第一届"旺旺孝亲奖"词曲、摄影、微电影比赛中，勇夺微电影组首两名的殊荣，让海峡两岸均看到了澳门青年文创人才的杰出成长。

吴洋洋（左二）及其团队成员与黄子杰（右一）及其团队成员代表合照

澳门两青年勇夺佳绩

　　第一届"旺旺孝亲奖"词曲、摄影、微电影比赛以"朝念父志 · 暮思母恩"为主题，在海峡两岸共收集了 5000 多份参赛作品，并于 2016 年11 月 6 日早上在上海神旺酒店举行颁奖典礼。

上海神旺酒店入口　　　　　　　　　颁奖典礼工作人员准备迎接各得奖者

　　在微电影组别中，来自澳门的两位年轻导演——吴洋洋与黄子杰，得在众多参赛作品中脱颖而出，更包揽前两名大奖，夺得令人振奋的佳绩。当中，吴洋洋凭着"出租亲情"夺得首奖"旺旺奖"，而黄子杰凭着"老吾老"夺得"一等奖"。

　　两位导演优秀作品的精华片段在颁奖典礼中播放，不但感动了众多现场观众，也在典礼后得到众多嘉宾与其他参赛者的认同与赞赏。

旺旺集团董事长蔡衍明致辞，期望大家能让"孝"成为一种习惯

颁奖典礼上播放"老吾老"精华片段

颁奖典礼上播放"出租亲情"精华片段

"未曾尝试走出去，怎么知道自己能够冲多远"

"未曾尝试走出去，怎么知道自己能够冲多远？"这时正会邀请的培训课程导师胡易需导演，在课堂上勉励各学员时的一句说话。而当时作为学员的吴洋洋与黄子杰，就以亲身事例论证了这一句话。

吴洋洋表示，其拍摄团队过去以拍摄纪录片为主，个人虽然曾接触拍摄剧情类影片的基本流程，但担忧相关技术与经验不足，故花费了更多时间

吴洋洋（左一）荣获"旺旺孝亲奖"
微电影组首奖"旺旺奖"

吴洋洋接受司仪采访

与心思在创作上。最终作品得到了大家的认同，吴洋洋与其团队成员均表示超出预期，但也令他们明白，有时候自己认为不可能，却可能在尝试后会得到意想不到的结果。吴洋洋更表示，在未来他们会保持谦虚心态，继续努力，并作更多尝试。

　　黄子杰表示，澳门文创发展重视的不仅是能获多少资源，更是如何走出去寻找更多锻炼机会。为了把握是次参赛机会，黄子杰与其团队在资源相对较少的情况下，尝试以最好的准备与最齐全的队伍投入拍摄中，期望藉此机会进一步锻炼团队全体成员。黄子杰表示，是次得奖令他感到十分鼓舞，因为团队的努力得到嘉许，这份成绩是属于团队所有人员团结用心所得的成果，在未来，他们也会继续坚持提升自身的质素。

黄子杰（中）荣获"旺旺孝亲奖"微电影组"一等奖"

创作小贴士

　　对于能够成为冲出澳门大军的其中一员，两位年轻导演均有创作心得与新入行的青年人分享。

吴洋洋概括其创作心得，指过去曾听前辈教导，在创作时不宜采用最初想到的设计，因自己能立刻想到的，也会是其他人能够想到的，可尝试完全推翻第一次的设计想法，然后再作不同的创作。

黄子杰总结拍摄过程时，表示在正会培训课程的讨论中认识到，现时不少创作人都会根据特定主题拍摄特定族群的故事，但其实澳门有更多不同类型的真实故事，如想寻找更多题材，跳出传统框架，可多找澳门老一辈聊天，发掘更多的题材与灵感。

颁奖典礼现场

颁奖典礼现场

颁奖典礼现场一角

嘉宾、评审、各组别获奖者与其团队
代表大合照

7 扬威国际

——澳门学生勇夺国际软件技能赛大奖

    "Microsoft Office 软件技能全球大赛"及 "Adobe ACA 多媒体设计软件技能全球大赛"每年吸引全球数十万青少年参加。2016 年，本澳学生代表在澳门生产力暨科技转移中心带领下参加大赛，更分别勇夺 Excel 及 PowerPoint 两个项目世界冠军！他们的心路历程又是怎样的呢？

2016 年 8 月，"Microsoft Office 软件技能全球大赛"及"Adobe ACA 多媒体设计软件技能全球大赛"于美国佛罗里达州举行，吸引共 30 多个国家和地区数十万青少年参加。澳门生产力暨科技转移中心带领本澳学生代表参加两项软件技能全球大赛，分别勇夺 Excel 及 PowerPoint 两个项目世界冠军，以及在多媒体设计软件技能全球大赛获得季军，成绩突出，激励本澳学生对信息科技的学习兴趣。

澳门学生屡获殊荣

澳门生产力暨科技转移中心是 Certiport 的澳门区 Microsoft Office Specialist 以及 Adobe Certified Associate 认证考试单位，负责培训本地参赛者及选拔澳门代表出战全球大赛。2016 年以前，澳门代表已先后在该两项大赛勇夺五个冠军，分别是 2013 年的 Word 2010 项目，2014 年的 Word 2010、Excel 2010 及 Adobe（大专组）项目，2015 年的 Excel 2010 项目。

2016 年"Microsoft Office 软件技能全球大赛"及"Adobe ACA 多媒体设计软件技能全球大赛"于美国佛罗里达州举行，共有 30 多个国家和地区数十万青少年参加选拔赛。最终脱颖而出的约 200 名选手才有机会往

澳门代表队在美国会场内合照（图片由澳门生产力暨科技转移中心提供）

美国，参加该两项大赛的最终决赛。

生产力暨科技转移中心已多年举办此两项软件技能竞赛，2016 年 5 月，中心完成澳门区选拔赛，共选出 5 名选手代表，分别是参加 Excel 2010 的李君濠、参加 PowerPoint 2010 的周家熙、参加 Word 2010 项目的梁骏濠、参加"Adobe ACA 多媒体设计软件技能全球大赛"中学组和大专组的阮天衡和张国斌。经过一轮紧张竞逐，李君濠和周家熙分别在 Excel 2010 及 PowerPoint 2010 项目中夺冠，而张国斌亦于 Adobe 项目大专组取得季军。

（左起）张国斌、周家熙、李君濠

比赛得奖建立信心

当时升读高三的粤华中学学生周家熙，上届参与 Excel 2010 曾获冠军，今届挑战 PowerPoint 项目亦成功夺冠，十分欣慰。他表示比赛内容是根据大会提供的指南，在规定时间内完成指定的操作步骤，很考验参赛者的临场应变能力和心理质素。他表示一直对编程感兴趣，是次得奖令自己打下强心针，未来计划向 IT 行业发展。

　　慈幼中学学生李君濠其时是首次参赛，当得知能到美国比赛，进入赛场时颇紧张，因要挑战场内来自世界各地的好手，压力不小。赛前从没想过能夺冠的他坦言，能取得好成绩，与赛前的刻苦训练、不断针对难题重复操作不无关系。他说比赛证明了自己的实力，令自己开始思考未来的路向。

周家熙在 PowerPoint 2010 项目中夺冠（图片由澳门生产力暨科技转移中心提供）

李君濠勇夺 Excel 2010 项目冠军（图片由澳门生产力暨科技转移中心提供）

当时还是理工学院设计学士学位课程大四学生的张国斌表示，比赛当日要按指示完成海报设计，遇到不少困难，不过认为这是很好的交流和学习机会，赛后他与来自不同地区的学生聊天，见识到他们的创意。他希望此奖项能成为自己的小踏板，让自己的设计作品未来走得更远。

张国斌于 Adobe ACA 项目大专组取得季军（图片由澳门生产力暨科技转移中心提供）

政府支持培育创新科技人才

优秀选手的诞生，离不开导师的大力支持。微软项目比赛导师，生产力暨科技转移中心标准、管理及培训考试部（专业发展）分组经理戴锦源表示，非常满意比赛成绩，选出来参赛微软项目的三位代表，都是校内的精英学生。"澳门学生操作软件的整体水平本来就不差，生产力暨科技转移中心通过选拔赛选出优秀的三位学生代表，并为他们提供赛前的强化培训课程，加上他们临场表现出色，因此创造了是次佳绩。"

戴锦源从事微软教学工作超过十年，参与培训工作有多年，他认为其实不论是否从事 IT 行业、求学还是工作的年轻人都需要使用微软软件，此属职业的核心技能，对未来发展相当重要。是项比赛可作为青少年进入 IT 行业的一个门槛，若然学生们有兴趣，未来可朝这方向继续发展。

谈到政府对培育创新科技人才的支持，戴锦源说："近年来本澳青少年参加国际科技比赛均有出色表现，与政府、学校对学生资源的投放越来越大有关，例如学校购置的计算机软件不断更新，加大相关培训和宣传工作力度，都令学生打好计算机学习的基础，更熟悉 Microsoft Office 等软件的操作。此外，政府亦一直很支持生产力暨科技转移中心组织学生参与这两项世界大赛，包括赞助导师和学生远赴美国参赛的相关费用；得奖的学生，亦曾获发功绩奖状以作鼓励，对社会人才的培育有正面影响。"

戴锦源表示，现时澳门学生创意十足，接触创新科技的机会及渠道亦较以往多，认为只要有适当的扶助及支持，提供机会给他们，定能鼓励年轻人在这方面继续发展。因此，生产力暨科技转移中心近年来亦多次入校开讲座，向师生宣传不同计算机软件的应用技术，鼓励老师多组织和培训学生参加国际软件技能赛，开拓他们的眼界。

导师戴锦源

8 师友伙伴，携手共进

——记中华教育会师友计划

初为人师的年轻教师，面对系列挑战，难免会感到压力。2016 年，澳门中华教育会启动第四届"师友伙伴，携手共进"计划，透过一批对教育充满热忱的经验教师，担任年轻教师的导师，并由经验教师和年轻教师组成师友咨商小组，助人助己，携手共进。

刚走出象牙塔的年轻朋友初为人师，面对课堂教学、课室管理、科目备课、批改作业、辅导学生、联络家长、同侪合作、专业发展等一系列问题，难免产生一定压力。有见及此，澳门中华教育会于 2016 年启动第四届"师友伙伴，携手共进"计划，透过一批对教育充满热忱的经验教师，担任年轻教师的导师，聆听他们的心声，理解他们在工作上遇到的问题，给予客观的意见，反思为人师的进步空间以至分享自身职涯的经验等，由经验教师和年轻教师组成师友咨商小组，助人助己，携手共进。

通过户外活动，一班年轻教师建立深厚友情（图片由中华教育会提供）

共聚一堂亦师亦友

据中华教育会青年委员会主任陈家良与"师友计划"活动组织者马耀锋老师介绍，计划包括六个范畴的经验分享（伴我成长、课室管理、班主任心得、学生辅导、同侪关系、携手共进），两项短期课程（回归以来澳门教育发展和澳门教师法理保障），以及两次移地学习。参加计划并完成所有项目的年轻教师和经验教师，都可申报专业发展学时，及获颁证书和感谢状。

陈家良称，数据显示，2016 年，年龄在 30 岁以下的教师约占整体教学人员人数的三成。澳门《非高等教育私立学校教学人员制度框架》（简称《私框》）通过后，不少刚大学毕业的年轻朋友选择加入教职，将教书育人作为自身发展的事业。但从过去的经验来看，年轻教师任教的头几年工作压力颇重，工作内容亦有不少变动，如果能顺利过渡，他们便不会轻易流失，有助于提高整个教师团队的稳定性以及学校的教学质量。

中华教育会青委会主任陈家良（右）与"师友计划"活动组织者马耀锋老师（左）

形成稳定的教师团队

陈家良继续介绍说，中华教育会青委会其中一项重要工作，就是让教师接受专业培训，提升本地整体的师资水平。为了让年轻教师更快地投入教学角色，"师友计划"适时推出，就是希望提供平台，让经验教师和年轻教师互动分享，彼此鼓励，携手共进，藉此促进其专业发展。

据曾参与计划的年轻教师反映，这项计划有助他们较快进入教师的角色，经验教师的宝贵经验和鼓励，让他们更好地面对教学上的困难和挑战。

此外，陈家良还补充说明了该计划的三个特点：弘扬澳门传统教育精神、为年轻教师了解本地教育现况补课、团结年轻教师的力量。

刘羡冰校长分享经验，传承师德（图片由中华教育会提供）

他解释："以前有句谚语是'唔穷唔做老师'（不穷不当老师），但昔日的教师依然不计较得失，以教育作终身事业奋斗，在艰难环境下坚持教学，作育英才，这种传统教育精神，值得年轻教师学习，因此曾邀得刘羡冰校长和大家分享经验，传承师德；此外，年轻教师不一定是师范大学出身，一些在内地、台湾读师范大学的教师，亦未必了解本澳教育的现况，所以，我们请来澳门理工学院副教授林发钦、陈志峰，分别主讲《回归以来澳门教育发展》和《澳门教师法理保障》，让年轻教师了解本澳的教育现况；政府与不同学校正在研究改革，但只有校长、资深教师提出意见是不够的，我们亦希望透过活动团结一众年轻教师，建立平台，让他们提出新的想法和建议。值得一提的是，'师友计划'仅是中华教育会青委会其中一部分，它可以和其他活动例如'义教'并行发展，所以，我们也会鼓励这些年轻老师加入义教队伍，让他们认识和了解内地教育现况，发掘教育使命；未来亦准备策划青年教师论坛，让他们多思考教育理论，分享自身的教学理念和经验。"

林发钦主讲《回归以来澳门教育发展》（图片由中华教育会提供）

活学活用解决疑难

从第二届"师友计划"开始便担任活动组织者的马耀锋老师表示，活动过去一直得到年轻教师（包括初入职或入职不久的小幼、中学、大学教师）支持，据一些曾参与活动的经验教师反映，计划让他们助人助己，一方

组织访问团，出外考察和学习（图片由中华教育会提供）

面把自身的教学心得与年轻教师分享，另一方面透过与年轻人交流和互动，反思自身的教育生涯，重拾教学热情，因此亦准备再度参加。谈到第四届活动的重点内容，他表示加入了特殊教育及家校沟通、教师生涯规划等课程，目的是让教师学到更多相关知识，并通过实践应用，活学活用，解决教学疑难。

9 厘清迷思

——镜湖护院入校宣扬健康性观念

为向本澳学生宣扬健康性观念，由澳门镜湖护理学院主办的"探讨全面性教育项目对澳门初中生的性知识、性价值观、性态度及性行为成效"课程，于 2016 年 9 月在不同学校开讲。主讲者希望藉入校开讲，教授初中生全面的性教育知识，让学生深入了解两性关系、加强自我保护的能力，同时培育和树立正确的人生观和价值观。

为向本澳学生宣扬健康性观念，由澳门镜湖护理学院主办的"探讨全面性教育项目对澳门初中生的性知识、性价值观、性态度及性行为成效"课程，已于 2016 年 9 月在不同学校开讲。主讲者包括：澳门镜湖护理学院助理教授余惠莺、助理教授黄翠萍和讲师罗

黄翠萍、余惠莺、罗文秀担任导师，推广性教育知识

文秀。三人表示，这是"研究、教学、服务"三位一体的项目，希望藉入校开讲，教授初中生全面的性教育知识，让学生深入了解两性关系，加强自我保护的能力，同时培育和树立正确的人生观和价值观。

开展全面性教育课程

时下青少年对性充满好奇和疑惑，部分人对此却存有错误观念，轻视由性行为衍生的未成年少女怀孕、堕胎、性病等问题的严重性，相关新闻事件出现才引起外界震惊和关注。故此，加强本澳性教育工作是刻不容缓的事。然而，普遍学校没有提供全面的性教育课程，相关的教师培训课程并未普及，学生在课堂上能参与讨论的机会也较少。有见及此，镜湖护理学院决定开办"初中生全面性教育课程"，并获得澳门基金会赞助，三位导师余惠莺、黄翠萍、罗文秀由 2016 年新学年开始，陆续到不同学校授课，教学目标是让 1000 名学生参与这课程。

由于三位导师本身职业或求学时的专业学位都与性教育研究方面有关，故一直关注青少年的性教育工作并希望通过入校开讲，向初中生宣扬健康的性观念。问到为什么只教初中生时，余惠莺表示："青春期一般在人的

8~19岁发生，高中生基本上已发育了一段日子，而初中生正值青春期的前期，身体处于急速发育变化阶段，这时向他们提供全面性教育知识，有助厘清其成长过程中面对的各种性疑虑。"

余惠莺、黄翠萍先后到访不同学校开课
（图片由受访者提供）

课堂气氛热闹，学生踊跃提问
（图片由受访者提供）

厘清成长过程的疑虑

一般家长以为年幼的子女思想较单纯，不会主动接触有关性元素的信息，但现实是，青少年对性知识充满好奇心，可透过不同渠道和途径了解有关信息，友辈间更不时以此讨论和开玩笑。余惠莺表示："时下青少年对性的开放态度，与社会文化、传媒、学校、家人言行身教等都有着莫大关系，故加强性教育工作，也应从多方面着手。是次课程内容多元化，涵盖'人类的性成长发育''性健康与性行为、性传播疾病''人际关系与正确的性价值观''婚姻、家庭、青少年的责任与角色''社会及文化对性的影响'等不同层面，冀从不同角度向学生灌输正确的性知识。"

余惠莺又说："由2016年9月起，我们三位导师先后到访不同学校开讲。我们的课程内容参考了世界卫生组织及联合国教科文组织的一些和性教育有关的信息，再配合本澳实际情况来设计，有别于范围仅限于生理和心理层面的一般性教育教材。授课从效果来看，是次课程初步已达标，各校都很满意我们的教学安排，反映不俗，亦有学生家长反映'我儿子听了你们的授课后，觉得

余惠莺在课上讲解何谓性骚扰（图片由受访者提供）

很有收获，回家后和我分享有关内容'，这些打气的话，都成了我们继续授课的动力。"

辨识网络世界的迷思

有份参与入校开讲的黄翠萍和罗文秀发现，学生普遍对性教育课程感兴趣，但理解程度不一，因此，她们希望透过有趣的讲解和讨论，让学生认识正确的性知识和两性交往的发展及责任。

黄翠萍表示："随着信息科技日新月异，媒体信息泛滥，传播渠道亦层出不穷，部分网络媒体报道的性信息内容良莠不齐，有可能影响儿童和

黄翠萍教导学生辨识网络信息
（图片由受访者提供）

罗文秀鼓励学生健康谈性
（图片由受访者提供）

青少年身心健康的成长。故希望藉着课程，教导他们辨识网络世界的性信息迷思。"

罗文秀则说："接受过性教育的学生，对性的态度也会较审慎。与其想方设法阻碍他们接收包罗万象的网上信息，倒不如营造健康的谈性环境，让他们学习以理智和负责任的态度处事待人，加强自我保护的能力，同时培育和树立正确的人生观和价值观。"

深化性教育讨论支持

性教育是一项长期的、非立竿见影的教学工作。余惠莺表示开办是次课程，除了通过"教学、服务"来实现理念目标外，有关的"研究"工作也不容忽视。她们制作了大量的调查问卷，加上以抽样方式与学生进行访谈，并就有关内容准备撰写论文报告，藉以深化性教育的支持工作。

10 记录"报纸档"行业史

——专访澳门口述历史协会

以前的人去茶楼"饮茶",总要在街口那档报纸档(报摊)买一份报纸,和"报纸佬""报纸婆"闲话家常几句。但慢慢地,那些在转角的报纸档一间一间地消失。幸好,在它们完全消失之前,有人以口述历史的方式,记下属于报纸档行业的故事。

以前的人去茶楼"饮茶"，总要在街口那间报纸档买一份报纸，和"报纸佬""报纸婆"闲话家常几句，才去饮茶。但慢慢地，可能是人们的生活模式改变了，现在手机、电视随时都可以看新闻，于是，那些在转角的报纸档一间一间地消失。但幸好，在完全消失之前，有人记下它们的故事，以口述历史的方式，写下属于它们默默耕耘、不辞劳苦、每天为人们带来新闻的历史……

"转角遇到报纸档"专题展览暨座谈会于 2016 年由澳门口述历史协会主办、澳门基金会赞助

"转角遇到报纸档"展览

20 世纪六七十年代，当时澳门人口约 20 万，但报纸发行量竟有两三万份之多。80 年代大批新移民来澳当起报贩谋生。新一批报贩入行后，八九十年代的报纸档如雨后春笋，一度多至 300 间。但随着互联网及新媒体的崛起，在信息爆炸的年代，人们的阅读习惯改变了，加上便利店也贩卖报纸成为竞争对手，因此，澳门报纸档逐渐式微，现在仅余 60 多间。

为了记下这些故事，澳门口述历史协会于 2016 年夏天开展澳门报纸档口述历史计划，实地采访十多位报贩，完成约 16 万字的访谈记录，并在福荣里九号举办以"转角遇到报纸档"为主题的展览。展览上介绍了报纸档由 20 世纪六七十年代到现今的变迁、报贩日常工作、报业发展，还记载了一个又一个报贩亲述的故事，用文字延续了这一行业的点滴。

展览上介绍了报纸档由 20 世纪六七十年代到现今的变迁和故事

报贩不易当

报纸从何而来？原来报贩每天凌晨三四点，便要到《澳门日报》《华侨报》等报馆去取澳门报纸，再到港澳码头或金莲花广场取香港报纸，晚报则在下午到喷水池领取。他们取得报纸后，有些便就地叠报纸，有些则回到报纸档再叠，要把一张张分散为 A、B、C、D 等版的报纸，叠成一份份完整的报纸，有时过新年还要把挥春"摄"（塞）在里面，绝对是需要眼明手快、熟能生巧的工作。报贩回到档口后要"看档"（看店面、卖东西），以前的年代只有收音机，连风扇都没有，就这样"呆坐"到晚上八九点才收工。

报贩每天凌晨三四点便要出门取报，取报后更要就地在街边把一张张分散为
Ａ、Ｂ、Ｃ、Ｄ等版的报纸，叠成一份份完整的报纸

除了"看档"，报贩还要送报。以前送报还有一项绝活就是——"咪报纸"，当时的报纸张数少、较薄，派报纸的人只要将一份报纸折叠成半，然后把前端一折，再根据楼层高低而发力，把报纸"咪"到订户的骑楼。这种派报的方式，行内人称"咪报纸"或"飞报纸"。有些四楼以上的位置较难"咪"中，所以有些住户会用吊篮来收报：他们把篮子吊下来，报贩把报纸放进去，摇两下铃铛，住户便会把篮子拉回去。但现在高楼大厦林立，"仲边会有呢支歌仔唱"（哪里还会有这样的情景）。"咪报纸"这功夫已经渐渐绝迹了。

口述历史协会理事长骆嘉怡说，展览开幕当天，澳门报贩联谊会理事长何乃煊先生即场表演"咪报纸"让她印象深刻："当天何乃煊先生表演'咪报纸'，从地下对折报纸，便抛到二楼。他还说曾经有试过把别人的玻璃打破了，甚至还准到把报纸丢到客人手里的一碗热汤上，但没有人会怪责他，因为当时处处都充满了人情味。"

以前报贩派报会"咪报纸",但四楼以上的位置较难"咪"中,所以住户会用吊篮来收报

　　口述历史访问员甄桂芳认为,访谈中令她最深刻的体会是感受到报贩的不辞劳苦:"报纸档谢强记由两夫妻经管,他们在那区摆档很多年,当时先生 64 岁,在 2014 年送报期间,遭车辆撞倒,身体已经多处骨折,那时他还说要去送报纸。后来肇事者逃逸,但有热心网民、街坊将相片上载到脸

口述历史协会理事长骆嘉怡(右)和访问员甄桂芳(左)

书，最后成功找到肇事者，我深深体会到做报贩送报纸是一份既辛苦又危险的工作。"

报纸档的人情味

20 世纪六七十年代，报纸档只是一部小小的木头车，有些由烟商资助制造，有些则自费完成。后来，基于防火理由改为不锈钢铸造。报纸档由最初只卖报纸、杂志，变身成为杂货铺，卖水、地图、香烟、漫画杂志、明星写真、明信片，还有六合彩。甄桂芳说："有报贩向我们透露，八九十年代时，卖六合彩比去赌场工作还要赚得多。"报纸档除了卖报纸，它有时更像一间小型的杂货店。

展览展出报贩借出的"珍藏版"旧杂志、漫画书刊

一般报摊都是家庭式经营的，有些店主高龄六十几岁都仍然坚持"看档"，为的是那一份人情味。骆嘉怡说："有很多报贩都上了年纪，子女都出身了，他们不愁两餐，坚持开档是因为那班街坊，他们和客人建立了很紧密的关系，在我们访谈的时候都见到很多客人过来，有说有笑的，正是因为这种街坊街里的人情味，他们才继续坚持下去。"

很多报纸档店主已是高龄但仍然坚持"看档",为的是那一份街坊街里的人情味

记录被遗忘的历史

　　口述历史协会成立于 2008 年,一直以来致力促进澳门历史研究的发展。骆嘉怡说:"口述历史是大历史的一个补白,将平民百姓的小历史记下,从而能正统历史是我们的目标。以往口述历史协会做过不少访问,包括很多老号名店的访问,现在不少都已经结业了。那些老铺,保留了前铺后居的特色,都是澳门的旧风貌。我们还有做关于福隆新街的口述历史访谈,因为这条街变化太大了,有很多故事和历史都值得被我们记录下来。"

　　甄桂芳说自己最印象深刻的是为一所已消失的学校做记录:"我们之前有做过晓明学校的口述历史访问,晓明学校已经消失了,但那时我们找到了很多旧生做访问,最后他们一群学生重聚,我觉得那次意义重大。"那些习以为常路过的巷口,那些失传的故事……它们渐渐被人们遗忘,但有一群人待这些故事历史如瑰宝,希望将它们一一记下珍藏。

11 爱护文物、传承文化

——专访澳门文物大使协会

2016 年是澳门成功申报世界文化遗产 11 周年，更是澳门推出文化大使 15 周年。文物大使肩负起推动和守护文物与文化的角色，走过 15 年，虽经历了时间的演变，但他们热爱这片土地，希望让人们"爱护文物、传承文化"的心依然不减。

澳门，是一个蕴藏着四百多年中西文化交流历史精髓的城市。2016 年是澳门成功申报世界文化遗产 11 周年，更是澳门推出文物大使 15 周年。文物大使肩负起推动和守护文物与文化的角色，走过 15 年，虽经历了时代的演变，但他们热爱这片土地，希望让人们"爱护文物、传承文化"的心依然不减。

（左起）第六届澳门文物大使黄嘉辉、大会主席谭志广及监事长余绮琪

坚持 15 年的理念

在澳门还没申报"世遗"成功时，第一届文物大使就已经出现了。当时这么"冷门"的计划，却吸引了澳门文物大使协会大会主席谭志广参加："当时我在高二的公布栏看到这计划，这个计划是当时非常少有的类型，而我自己本身对澳门历史很感兴趣，那时其实也不太清楚是学什么的就去参加了。'文物大使计划'结束后，我们一班文物大使希望计划得以延续，于是筹备了两年，成立了澳门文物大使协会。"

澳门文物大使协会成立于 2004 年 8 月 1 日，是非营利文化团体，协会一直肩负世界遗产教育"行动者"的角色，推动文化遗产的发展及教育的发展，发扬"爱护文物、传承文化"的理念，将文物保护事业薪火相传，贡献社会。

协会不时举办导赏活动，让文物大使带领人们走进历史城区（图片由受访者提供）

文物大使大家庭

文物大使培训计划自 2001 年开始，至 2016 年已招募第九届文物大使学员并进行培训，共培训出 400 多名文物大使。参加者首先要通过笔试和面试，正式学员必须完成三个月一连串的理论与实践课程，并通过各项考核，方可获颁予"文物大使"的称号。文物大使可以按照其资历、参与程度及评核，分为荣誉文物大使、资深文物大使、普通文物大使、实习文物大使及准文物大使五类。

第六届文物大使黄嘉辉说，计划让自己更多地了解澳门："我的爸妈是新移民，而我自己虽在澳门出生，但对澳门的本土历史一无所知，我很想去

澳门文物大使协会大会至 2016 年已有 400 多位文物大使（图片由受访者提供）

更深入地了解，于是在高三的时候看见计划就参与了。课程的内容丰富，例如有概括澳门历史的课程、文物导赏课、肢体课、实地考察等等，让我除了可以学到历史文化知识外，更学到建筑风格元素、城市的规划、演讲表达技

协会举办"2016 文化遗产系列讲座"（图片由受访者提供）

巧等等，在短时间内增进了不同范畴的知识。"

一群有志之士聚集成立了文物大使协会，他们的凝聚力更是不容小觑，监事长余绮琪（Yuki）是第一届的文物大使，也是协会的监事长："当初高三时加入文物大使是受历史老师推举的。成为文物大使，除了获得知识之外，我觉得对我的人生影响也很大。因为看着许多优秀的同学，自己也学习了他们的优点，而且协会成立多年，我们更像是一家人，是坚实的伙伴，一起坚守我们的理念。"

从不同角度看"文遗"

澳门就像是座"露天博物馆"，文化遗产遍布在不同的街角，等待着人们去用心发掘，品味当中的历史文化。文物大使协会积极举办及参与文化活动，如导赏活动、校园讲座、定向比赛、文化交流团、出版书籍、经营询问站、出席政府咨询会等等，多方面推动文化遗产宣传，同时积极参与社会事务，出心出力热爱和守护这个城市。

协会曾举办"遗城诗路"活动，在这个综合"导览"、"文学"和"视觉及表演艺术"的新形态文化导览之旅中，文物大使带领参加者漫步世遗，走入街区，透过音乐、舞蹈、诗歌、装置、绘画和录像等表现形式，以当代艺术转化呈现文物景点及街道小巷的历史记忆。谭志广说："我觉得欣赏文化遗产，不应只是拿着手机纯拍照，而是能亲身去感受和了解当中的历史。"

传递理念于下一代对传承文物文化来说也尤为重要，任职教师的Yuki更不遗余力将理念融入教育中："有时候我也会跟学生说起一些文化历史知识，解答他们的问题。而在英文课的时候，我也曾让学生做关于文化遗产的导赏，让他们成为导赏员向同学演讲，既可以加深他们对历史文化的认识，又能增加英语演讲技巧。"

"遗城诗路"活动是综合了"导览"、"文学"和"视觉及表演艺术"的新形态文化导览之旅
（图片由受访者提供）

于氹仔坊众学校举办校园巡讲（图片由受访者提供）

让爱护的心得以传承

谭志广说时代一直在改变："觉得相比以前，社会对于文物保育的知识加强了不少。文物的价值在于它是实在的回忆，走进建筑物里，就仿佛走进

回忆，它是历史，是文化，而不是一座只剩空壳的经济产物。"社会对于"拆和不拆"的问题讨论也渐渐热烈，常常研究"城规图"的黄嘉辉说："文物拆与不拆应该视乎是否能够发挥到它的最大功能，要了解清楚背后的历史，而且还要看城市的整体肌理，有些虽不是世界级的文物，但也值得保留。"

　　虽然时代变迁让文物保育的路充满了挑战，但谭志广说："我们希望做好自己的本分，守护自己觉得有价值的东西。我们更期望得到更多的支持，将澳门打造成世界文化遗产教育基地，如果能有自己的教育场所，就能让有兴趣的人能恒常学习，将'爱护文物、传承文化'的理念传承下去。"

谭志广希望将"爱护文物、传承文化"的理念传承下去

12 "澳门虾王" 名不虚传

——专访书画艺术联谊会副会长何应彤

说起 画虾，相信大家都会想起国画大师齐白石，但原来澳门也有一个"虾王"——说的正是澳门书画艺术联谊会副会长何应彤。

"虾王"何应彤专注画虾

说起画虾，相信大家都会想起国画大师齐白石，他画的虾栩栩如生，但原来澳门也有一个"虾王"——说的正是澳门书画艺术联谊会副会长何应彤，他十几年前突然"出家"，靠自学画虾，被誉为"澳门虾王"，如今常获邀到各地参加画展，表演画虾。

晚年靠自学成才

对于"虾王"这个称号，幽默的何应彤自嘲道："是哈哈大笑，笑到面黄呢，所以被叫'哈王'！"跟许多画家不同，虾王与虾的故事，并不是由热爱开始。何应彤原本是一名商人，经常接触及买卖古玩、工艺品，当中更有不少知名大师的真迹。但渐渐地，何应彤发现如果对绘画没有认识，便难以向买家解释画作的背景及艺术价值。他说："当时我去报兴趣班，就只是想学看画，便告诉老师我不打算动手写，我想看着学，老师就说不可以这样，那就开始写画。"

将近八十岁的何应彤，其实是六十几岁才开始画虾。他自谦说："我没有什么嗜好，不会打麻将，不会下棋，那老了只有两个选择，一是在公园打瞌睡，那就像在等死；而我不是一个'老而不'（年老又无作为的人），而是老而不服，所以我选择去（澳门）理工学院修读视觉艺术课程，然后又去了长者书院修读西（洋）画。"

对国画情有独钟

一开始，何应彤什么都学，但想不到，自己对国画产生了兴趣，简直是情有独钟，他认为国画充满涵养和深度。何应彤刚开始画虾时，老师曾对他说："连我都不敢画虾，你画虾？"何应彤自言不是一个循规蹈矩的人，自觉画虾也不错，所以开始看齐白石和其徒弟画虾。他把齐白石及其他与虾相关的画作放到计算机上，在屏幕里不断放大并观看各种细节、笔触，再加上不断练习，画着画着，就喜欢上了画虾，也沉醉于画虾的过程，对自己的要求也越来越高。他会阅读大量关于国画的书籍，他笑言："既然你都花钱买了宣纸，为什么不画得好一点呢？虽然宣纸又不是很贵，哈哈哈。"

在访问中，虾王不断说"写虾"，而不是画虾。笔者好奇地问，为什么是"写"而不是"画"。他表示："因为中国画以线为主，和书法同源。所以国画用写字方法而成。不像西画用画、描和涂的方法，所以就叫写画。"因此用"写虾"更为贴切，也更易让人理解画虾的方法。而"虾"在北方人的眼中，是"龙"的象征，有镇宅吉祥的意思，而南方人则喻为"银子"，有长久富贵之意。

画虾第一步：准备墨宝

用了约六分钟时间，即兴画虾

虾王有个好拍档

近年来，虾王多了个拍档——邵婉儿，二人常常合作写画，还结伴到各地参加画展交流和表演。邵婉儿称"虾王"为"虾师兄"，其实一开始她是跟虾王学写画的。虽然邵婉儿学写画的时间不长，但虾王认为她十分有天分。虾王自言年纪大，所以希望把自己对于国画的所知所闻，都向邵婉儿倾囊相授。

虾王与邵婉儿惺惺相惜，邵婉儿手上那扇子里的红棉，就是她自己画的

虾王写虾已达到出神入化的境地，虾的各种形态，他都能挥洒自如地写得栩栩如生，不过，他有时会觉得只是写虾会较为单调。虾王说："一个人的画只有一种风格，两个人就会有很多碰撞，会有不同的风格。"而邵婉儿用色多以鲜艳为主，多画不同的花。

谈及他们的合作模式，邵婉儿笑言，自己画得比较慢，所以通常是她先画，画完了一大篇风景后，留白的部分交给虾师兄画虾。邵婉儿笑说，虾师兄写的虾常常没有眼睛。原来为虾点睛是写虾的最后一步，通常虾王画完整的虾后，要等候一会儿，让墨水稍干才进行点睛，这样墨水才不会化开。而通常画展或交流会的嘉宾，都迫不及待地想得到虾王画的虾，所以在墨水干前，已拿走了画作，以至于虾王的"虾"没有了眼睛。

虾王说："一个人的画只有一种风格，两个人就会有很多碰撞，会有不同的风格。"

画虾最后一步：点上眼睛

　　虾王画虾固然是出神入化，但想不到，他画虾的速度也是惊人地快。在访问期间，虾王即兴用了约6分钟时间，画了一幅虾给笔者，这幅画里有五只虾，每只虾各有形态，深浅高低，有远有近，专注一看像窥探着浮游在

二人合作绘画

虾王与邵婉儿展示画作

水中的虾。国画的虾，个头虽小，但玉洁玲珑，常被赋予淡泊名利之意。而画虾之人常被认为有高尚品格和纯洁坦诚的胸怀，这一点也真与笔者所见的虾王相像。

13 纸本出版乐与忧

——专访澳门人出版社社长张燕青

"创业不是梦想可以盛载的。"张燕青（Cyan）自言创业之初是一名"三无"青年：无资金、无人脉、无经验。但经历创业这段时间，出版不再是她的梦想，她说："因为实践了，更应该要好好地经营下去，才对得起努力实践梦想的自己。"

过去，政府和民间机构投放不少资源在出版物上，但由于本地出版社大多没有商业化的出版策略，同时缺乏完善的出版产业链，以致出版市场缺乏商业竞争与进步。加上本地人阅读风气一般，出版社要在赌城内存活下来，看来一点也不容易。偏偏有这样一名女生，在 2016 年初凭着一股傻劲创立了出版社，作为出版业"新人类"的她，与我们分享踏入出版界面对的种种挑战与困难。

北京实习学以致用

提到出版业，澳门人出版社社长张燕青（Cyan）仿佛有滔滔不绝的话题。Cyan 的开场白是："澳门的出版业，是一个'夕阳得不能再夕阳'的行业。又或者咁（这样）讲，很多年前，它就冇'中午'过。"

Cyan 早在中学开始就对投身出版业抱有浓厚兴趣，为了向目标进发，Cyan 于大学期间修读澳门大学新闻及公共传播系，以及于 2012 年前住北

当年研究生班上的同学大多向新媒体进发，只有 Cyan 走进出版业（图片由受访者提供）

京在中国人民大学修读传媒经济学研究生学位，并选择了一位出版人作为导师，其毕业论文研究方向，正是对澳门出版业作深入分析。

　　在北京实习期间，同学们都极力争取到阿里巴巴、腾讯等大企业实习，然而 Cyan 想也不想便到人民邮电出版社实习，她认为在那里可更深入了解出版社的运作。她表示实习的经验对自己日后经营出版社有着深远影响："人民邮电出版社主攻理工类工具书，在一间书店的书架中，它所出版的书能在同性质图书中比例占半，例如摄影类的书籍，读者过半数会选择人民邮电出版社出版的。他们着重出版量，这就是触及读者及开拓市场的方向。"在较具规模的出版社里实习，Cyan 认为最受用的是学到如何达到恒常的出版目标，她说："人民邮电出版社的每位编辑在出版量上都有既定数字的目标，编辑会在早一年的第三季开始报选题，并在来年里达到，这种做法十分值得参考。"

2013 年，Cyan 在人民邮电出版社实习三个月（图片由受访者提供）

资金贫乏坚持出书

毕业后，Cyan 回到澳门，满怀雄心壮志地不断寻找与出版相关的工作，她滴水不漏地向每一间黄页上有资料的出版社寄出求职信，却一直杳无音讯。她说："我跟住黄页去找，每一间我都有寄信去自荐，但冇一间有反应。"结果 Cyan 从事了一年与会展相关的工作后，决定自己创办出版社。

推出原创手作图书《年》
（图片由受访者提供）

2016 年初，Cyan 与合伙人成立澳门人出版社，与合伙人商量后，由于考虑到市场定位、阅读人群等等，出版社的第一本出版物《寒舍》，便是属于家居地产杂志。她说："其实《寒舍》的广告收入与成本只能算是持平，但最想做的还是书本。"在创业的头半年，Cyan 与合伙人因理念不同而拆伙，在这半年间没有任何收入，令她重新审视出版社的定位，在六个月零收入的情况下，她自资出版了《年》。《年》与澳门智障人士家长协进会合作，是故事与游戏结合的原创手作图书。Cyan 说："当时的确出现资金不足的问题，但坚持出版《年》的原因，就是让客户知道我们有能力出版图书，也表明我们以出版图书为目标的决心。"

《年》内有互动游戏，可以给孩子撕下做劳作（图片由受访者提供）

出版要有营销策略

出版业以"出版业界"、"作者"及"读者"为重要构成部分。要出版一本书并不困难，但如何能出版一本成功（即有读者、有销情）的书，现时澳门在这三个环节中都出现问题。面对出版业的生存困境，她认为现时澳门

《年》出版前连续一周加班（图片由受访者提供）

的书不畅销，是由于大多澳门出版社并没有把图书当成"商品"，也没有好好考虑受众。

　　Cyan 说："参考其他地区，现代社会更倾向个人销售。而本地作家出书时，出版社并没有为作家塑造形象，也没有整合性的销售，书出了就算。现时恒常出版的书籍以文学类居多，工具书却十分稀少，但工具书极具销售潜力，随时可成为畅销书。因此，我想告诉业界的是，出版一本书，必须要有完善的营销策略。"当 Cyan 遇到想要出书的作者，都会先按捺他们的热情，并商量个人经营、图书内容等，令作品与市场及作者三方取得平衡，也会给予时间让作者考虑与调整，合力制定出版的方向。

　　谈到出版社的未来方向是什么，除了恪守每年都出版图书的承诺，Cyan 称希望未来的五年内能发展本地小说网，以及建构澳门出版电子平台，把过往的图书、刊物等电子化整理。她认为不应把纸质图书遗留在历史的道路上，而是应该把扎实的、有内容的书本，结合数码化，把纸质书推得更远。

　　"创业不是梦想可以盛载的。"Cyan 自言创业之初是一位"三无"青年：无资金、无人脉、无经验。但经历这段时间，出版不再是她的梦想，她说："因为实践了，更应该要好好地经营下去，才对得起努力实践梦想的自己。"

Cyan 认为，每本书的出版都是得来不易的（图片由受访者提供）

14 与腾讯合作共创双赢

——专访"80后"老板陈嘉业

面对"互联网+"时代来临,内地科技企业巨头
腾讯自然不敢怠慢,积极布局冀抢占商机。
腾讯更有意在澳门开拓市场,并聘请澳门"80后"老板
陈嘉业担任政务总监,携手合作,共创双赢。

"互联网＋"是将互联网作为一种生产要素或基础设施，深度融合于经济社会产业各领域中，提高创新力及生产力，形成新的商业模式。国务院总理李克强在政府工作报告中提出，将"互联网＋"行动计划列为重要的国家战略，引起广泛讨论，也使"互联网＋"一词成为热议话题。

面对"互联网＋"时代来临，内地企业腾讯自然不敢怠慢，其董事会主席兼首席执行官马化腾迫不及待公布相关计划，冀抢占商机。此外，腾讯有意在澳门开拓市场，并聘请澳门"80后"老板陈嘉业担任政务总监，携手合作，共创双赢。

走出澳门寻商机

陈嘉业是现任沙度娜有限公司执行董事，他与腾讯促成合作，源于2016年4月参与"活力澳门推广周·广东江门"期间，了解到江门智荟城作为青年创业的孵化中心，适合金融投资、科技文化、教育培训等行业进驻，故亲身前往智荟城考察。其间，他与腾讯·大粤网江门站的职员围绕"智能城市"的话题进行深入交流和探讨，双方合作亦由此展开。

沙度娜年轻老板陈嘉业

陈嘉业表示，近年来国家经济发展蓬勃，一直想了解内地营商市场，故参与"活力澳门推广周"活动，视察内地企业的营商环境。他在搜集资料的同时，留意到腾讯在2015年已提出"互联网＋智慧城市"的发展方向，并对此颇感兴趣。于是，他前往智荟城觅商机，在没有预约之下与腾讯·大粤网江门站的职员会晤和对谈，没想到双方一拍即合，很快便达成合作意向，腾讯更聘请他担任"政务总监"及"智慧城市发展顾问"。

自成为腾讯一员后，陈嘉业开始忙于内地、澳门两边走（图片由受访者提供）

据陈嘉业透露，腾讯希望在澳门建立在地营运团队，开拓"互联网＋智慧城市"的市场。由于他和朋友过去曾参与研发一套CRM（客户关系管理）系统的软件服务，该软件刚好能配合腾讯的工作，未来大有可为，冀透过是次合作实现双赢。较早前，腾讯·大粤网江门站与澳门会议展览业协会签订了"合作备忘录"，携手打造"互联网＋会展"。陈嘉业表示，澳门会展业的发展良好，珠海、中山及江门等周边城市的市民深感兴趣，但苦于目前信息渠道不足，未来希望借用腾讯的新闻网站及平台，把澳门会展信息带出去，而随着澳门会展活动的规模愈趋庞大，他有感观众难以快速达到目标展位，故计划将纸质展场平面图电子化，可于手机上查看，并可配合 CRM 系统做讯息推广。

年轻老板不易当

虽然"一不小心就和马化腾合作了"，但陈嘉业却表现得相当谦虚，认为这次合作对自己最大得着只是"学到更多嘢"，能否达成腾讯对他的期许，还要看自己未来的表现。

与腾讯达成合作协议（图片由受访者提供）

事实上，尽管陈嘉业近年顶着"青创老板"的衔头，但他的事业发展并非一帆风顺。大学毕业后，他在本地剧团担任行政工作，月薪低于一万，收入并不富裕；之后他转职到运动鞋公司做销售员，家人对他"堂堂一个大学生去卖波鞋"也有微言，于是他申请调到人力资源部，摇身一变成为"打杂"，上至人事，下至仓储都要管，每日忙到"一脚踢"。但这段时间，上司教晓了他很多实用的知识，例如计算机和平面设计，为他日后创业打好基础。

　　2015 年因家人通过借贷收购沙度娜，一直有份跟进收购的陈嘉业，亦顺理成章当上了沙度娜老板，开始接手相关工作。沙度娜是本澳资深品牌，以木糠布甸（澳门特色美食）闻名港澳，但近年来因租金成本上涨、人力资源短缺等问题，也遇上不少营运压力。因此，陈嘉业冀引入新的经营模式，改善业务。

　　由于自己是打工仔出身，所以陈嘉业一点老板架子也没有，他深明员工是公司最重要的资产，因此对他们非常尊敬。他表示："作为资深品牌，团队已适应现有运作模式，加入新元素并不容易。但现在的团队也有其优势，就是大家和附近街坊关系一直很好，能收集不少地区信息，也可透过他们帮手，将我们的新产品宣传开去。"

沙度娜是本澳资深品牌，团队已适应现有运作模式，加入新元素并不容易

竭尽全力不负众望

　　多年前，嘉业曾为电视台节目《澳门人 · 澳门事》担任嘉宾，那一集

的主题是"梦想施行者"，在节目中，他随机访问途人"有什么梦想"。这次访问中，笔者亦问到他的梦想是什么，他却说仍未找到自己的梦想。之所以一直努力工作，工余时间还尽量抽空当义工，是不想辜负身边人的期望。

谈到对年轻人的创业建议，陈嘉业认为政府与民间机构推出的一些创业培训课程值得参与，因能了解创业所需具备的心理素质，以及应该掌握的基本营商知识，帮助年轻人正确选择创业路，以及建立合适的生涯规划。他特别推介澳门经济局和青年创业智库协会举办的"青年创业师友计划"，让有经验的导师及顾问分享他们的宝贵经验，在不同领域中扶助创业人士。

15 澳门婚纱品牌闯香港时装秀

——专访品牌负责人郑敏静、麦芷麟

由于母亲从事制衣业，郑敏静（Chantelle）从小就接触布料、车缝，与时装结下不解之缘。于澳门理工学院设计系毕业后，她修读时装设计课程，亦开始参与本地电影、MV、宣传片的造型指导及服装设计工作。

　　本地婚纱设计品牌 Chavin 早前获邀参与香港贸易发展局主办的"香港时装节春夏系列"活动，假香港湾仔会议展览中心举行设计师专场秀。Chavin 设计总监郑敏静（Chantelle）表示："会上我们公布了新系列'Nouvel Collection'，主要透过新艺术主义时期的艺术作品对女性的刻画，应用在物料、剪裁、绣花绣珠等工艺，将古典美学蕴藏于时装设计的细节里。是次活动能令国际业界更深入地认识澳门时装创作，紧贴澳门时尚界的发展，让大家知道其实小城也有不少热爱时装设计的人才。"

郑敏静（Chantelle）携自家品牌参与"香港时装节春夏系列"活动（图片由受访者提供）

与时装结下不解缘

　　由于母亲从事制衣业，Chantelle 从小就接触布料、车缝，与时装结下不解之缘。于理工学院设计系毕业后，她修读时装设计课程，亦开始参与本地电影、MV、宣传片的造型指导及服装设计工作。

　　Chantelle 表示："最难忘是做电影的造型设计，其实并非'畀件衫个主角着'（拿件衣服给主角穿）这么简单，也不能完全参照现实生活中的人物造型来设计。电影中人物的角色、性格，人物之间的关系，以及故事发生的地点、气氛和情节等，全都是造型及服装设计要考虑的因素，所以需要投入大量时间工作，一天工作时间可达 20 小时，真是少一点毅力也不行呢！"

正因为对时装的热爱，Chantelle 除了经常参与电影服装设计工作外，亦于 2016 年开始正式与另一设计师兼合伙人麦芷麟（Kelvin）创立走高端路线的设计品牌 Chavin，主要销售自家设计婚纱及礼服，提供高级量身订制和造型设计服务。作品风格以高雅复古为主要格调，以凸显女性线条为主轴，呈现优雅感觉而不失复古韵味。

因为对时装的热爱，Chantelle 和 Kelvin 创立了自家品牌

创立品牌困难重重

Kelvin 说："一般的婚纱店都会出租婚纱，客人一般都是选好几套款式。结完婚便交还给婚纱店。而我们以高端服装订制为主要发展方向，因结婚是人生的大事，一些客户希望能在这重要日子里穿上属于自己的婚纱，婚纱要设计得靓外，还可以包含独特的含义。虽然价格会比一般高，但婚纱的创作元素来源于两人的爱情故事，还会把二人的名字绣进婚纱当中。"

除了婚纱，不少艺人好友、中小企或大集团都是 Chavin 礼服订制的客户群，在音乐颁奖礼、各大隆重宴会等都会见到出自 Chavin 的礼服。现时不少本地设计师都面临服装打版及成品制作的难题，内地的厂家因成本问题，一般只接较大数量的单，故不少设计师都难以找到愿意合作的厂家。

要从根本解决这问题，Chantelle 和 Kelvin 在品牌创立之初，并没有立刻营运实体店，而是投资在自设厂房当中，令制作问题得到解决，但前期需投入七位数字资金建设厂房。Kelvin 认为虽然前期投资大，但能令团队更加稳定，并能保证产品的质量才是最重要。于是，二人花了一年多时间，在珠海寻找合适地方、机器，并筹组制作团队，"寻找合适的团队人员花了我们最多的时间，因为团队必须要牢固才能保证出品质量，基本上版房、工具、人员都全部到位后，才开始筹备澳门的实体店"。有了自己的版房，Chantelle 除了更方便地做电影美指及服指的工作，也令个性化高端订制的订单更易处理及监控。而在 2017 年，Chavin 也正式开设了实体店。

当版房、工具、人员都全部到位后，才开始经营实体店（图片由受访者提供）

推动本地品牌面向国际

Kelvin 表示，现时平日店铺客流不多，但由于客户多为旧客介绍，一

版房面积虽小，但五脏俱全（图片由受访者提供）

一般都会"识路"，而且客户是真正有需要，能接受这个价格才会进来的。他说："高端订制价格相对高，所提供的服务必须要满足客人的意愿。就如我们品牌中常用的刺绣图案都是人手绣上去的，十分费时。所以未必需要大量接单，因为我们要花大量的时间、精神放在设计及制作之中。特别在澳门这弹丸之地，品牌的口碑靠口耳相传，只要质量部分把关得好，令客人满意，新的客人自然会找上门来。"由设计到布料、剪裁、绣花，全部有严格标准——这便是客人"识路"的原因。

宏观地看，澳门的时装设计行业竞争小，但市场过小，一般受众偏好潮流走向，而高端客户更倾向购买知名品牌，因此，澳门时装设计师要在本地市场杀出一条血路，也并非易事，Kelvin 说："在生意稳定发展时，我们也开始要思考如何让品牌走出去。当然，走出去并不容易，因为面对来自世界各地的买家，我们必须确保质量及品牌特色。"

Kelvin 又说，Chavin 从设计、选购布料以至成品都是在自家厂房完成的，务求服装均以最完美的状态呈现于客人手上，现时业务已扩张到邻近的香港、台湾及珠海。另外，亦与欧洲购物网站接洽合作，积极参与国内外时装展，致力推动澳门时装品牌面向国际舞台。

二人致力推动澳门时装品牌面向国际舞台（图片由受访者提供）

16 原创漫画描绘本土情怀

——专访《半岛师奶》原作者

本地原创漫画《半岛师奶》是近年来大受欢迎的作品，其 Facebook 专页由 2013 年创办至今，追随者人数不断上升，《半岛师奶》以施氏一家四口和两只宠物"淋肉"的生活趣事为蓝本，内容贴地，画风可爱，深受不同年龄层的读者喜爱。

　　昔日漫画家依靠推出单行本来吸引读者，但自从进入社交媒体年代，不少漫画家偏好画单元格或四格作品，然后放上社交媒体"呃 like"（引人点赞），和网友直接交流互动。本地原创漫画《半岛师奶》原作者梁健和劳嘉翠便是其中的代表人物，其 Facebook 专页由 2013 年创办至今，追随者人数不断上升，漫画《半岛师奶》以施氏一家四口和两只宠物"淋肉"的生活趣事为蓝本，内容贴地，画风可爱，深受不同年龄层的读者欢迎。

梁健和劳嘉翠合作无间，联手制作《半岛师奶》

年轻作者画"师奶"

　　有留意《半岛师奶》专页的网友应该不难发现，"半岛师奶"经常以"师奶"的口吻发表妙论和响应网友，令人误以为"她"是位家庭主妇。事实上，其原作者梁健和劳嘉翠是大学毕业不久的澳门理工学院设计系毕业生，二人钟情画漫画和制作动画，希望透过漫画动画的创作，以一个大众都有共鸣的师奶角色，来表达自己对本土情怀的想法和态度，反映社会时事，同时鼓励大众以乐观心态看世事，珍惜眼前一切。

《半岛师奶》早于 2013 年诞生，主要负责漫画创作的梁健表示："小学的时候已喜欢画画，虽然没有正式学过素描，但喜欢临摹，尤其爱画一些得意公仔。2013 年，我当时是个大二学生，想将一些漫画作品放上网和大家分享，于是便创作了《半岛师奶》。"

至于为何以"师奶"为漫画主角，梁健说："其实我的性格都挺'师奶'，爱节俭，凡事斤斤计较，喜欢追'师奶剧'，和同龄的年轻朋友'倾偈又唔啱 Channel'（聊天不在一个频道），于是便创作了'施师奶'这角色，它就像代表我自己。"

《半岛师奶》由一个四口之家和两只可爱宠物"淋肉"组成，除了"一家之煮"施师奶外，还有一个有着典型澳门爸爸性格和啤酒肚的施叔，喜欢型男和吐槽电视剧的家姐施欣以及唯一能控制家中混乱场面的弟弟施明。梁健藉用一家四口日常生活中所发生的趣事，以幽默谐趣的方式展现了澳门独特的风土人情、景物和时事。

《半岛师奶》早期作品
（图片来源：《半岛师奶》）

故事主角施氏一家四口和两只宠物
"淋肉"（图片来源：《半岛师奶》）

创作成为生活一部分

梁健自言性格似师奶，其生活模式则很"宅"。"我平时在朋友圈中存在感很低，即使在网上也不常留言，有些朋友察觉我存在，是因为我更新了《半岛师奶》漫画。漫画推出后，最初反响一般，后来支持者多了，我也多了和陌生的网友交流。创作《半岛师奶》渐渐成了我生活中的一部分，未来亦希望集中精力在这个项目上。"

二人除了在网上发布作品及在杂志连载《半岛师奶》外，2017 年 7 月，首本《半岛师奶》漫画书亦正式面世。由于得到香港出版社的编辑赏识，二人在同年香港书展推出《澳门师奶地道游》。在书中，施氏一家作为向导，带领读者游览澳门鲜为人知的景点。

在 2017 年香港书展推出新书《澳门师奶地道游》(图片来源：《半岛师奶》)

谈到出书情况，梁健说："2015 年出版社主动联系我们，并提议为我们推出旅游书，内容自由发挥，我们便画了一些草稿给编辑看。出书面对最大的困难，是我们当时太贪心了，画了很多景点，后来要认真筛选，把一些最满意的作品交上去。"在香港书展上，二人和购买此书的读者近距离接触，收到不少正面的评价，坚定了二人创作决心。

将《半岛师奶》动画化

香港漫画业虽步向夕阳，但目前仍有不少全职漫画工作者，但澳门一直未形成一个能靠以画漫画维生的产业环境。对此，梁健直言过去的本地漫画家能推出单行本，已算是很成功了，但在现今这网络年代，单靠推出单行本，是很难招揽新读者的，反而制作动画吸引的受众可能更多。

《半岛师奶》动画短片（图片来源：《半岛师奶》）

于是，二人在 2015 年制作了《半岛师奶》动画短片，在当年的"澳门国际电影及录像展"中获评审推介奖，之后这作品还入围了"伊朗电影节"，回响不俗。二人一直有计划，希望能将《半岛师奶》动画化，推出一连多集的卡通片，在本地电视台或其他渠道播出。梁健说："澳门漫画市场小，如果单靠画漫画，吸纳到的读者也有限，但动画则不同，如果制作精良又能在大平台上播出的话，其传播威力大，覆盖的观众层面也多。"

即使《半岛师奶》在本澳漫画圈内算是薄有名气，但仍未为两位原作者带来太多收入，二人亦必须靠不断"接 Job"帮补收入，却因此拖延了制作动画的进度。谈到创作前景，二人都表示有信心。"由于本地从事漫画、动画的行业人员不多，因此假若能早着先机，开拓出一个市场，饮到'头啖汤'（第一口汤，意即争当第一人），拼出条血路的话，仍然是有希望的。澳门目前并没有具代表性的作品，我希望自己和《半岛师奶》能发挥作用，成为别人接触本地漫画的一个台阶。只要做好核心内容，提升漫画知名度，就可发展漫画的周边商品，例如主角的布偶公仔、摆设及饰品等，都能为这个产业带来无限商机。"

画风可爱
（图片来源：《半岛师奶》）

以漫画记录"天鸽"来袭的一天
（图片来源：《半岛师奶》）

17 青年人成就大梦想
——专访澳门无疆界青年协会

有人说澳门是"文化沙漠"，是"青年人梦想的坟墓"，但有一班本地青年致力推广澳门文创，以青年工作为己任，并用自身经验和能力贡献社会，冀能为澳门文创产业发展尽一分力，亦希望凭借自身力量，感染更多青年朋友，一同活出精彩人生。

有人说澳门是"文化沙漠"，是"青年人梦想的坟墓"，但有一班本地青年致力推广澳门文创，以青年工作为己任，并用自身经验和能力贡献社会，冀能为澳门文创产业发展尽一分力。这群年轻人组成了澳门无疆界青年协会，除了举办歌唱比赛、街舞比赛，又组织学生了解非营利机构的服务，关顾弱势团体，他们希望凭借自身力量，感染更多青年朋友，一同活出精彩人生。

澳门无疆界青年协会获澳门商务大奖颁发"非牟利大奖"（图片由受访者提供）

与大专院校合办歌唱赛

澳门无疆界青年协会由赵崇曦（Sunny）、赵崇灏（地球）、李永汉（Kenny）共同创办，赵崇曦是本地娱乐公司行政总裁，而赵崇灏和李永汉则是拥有丰富演出经验的歌手。谈到创会原因，会长赵崇灏表示："大概是在 2011 年，因参加了一个地区性的大型歌唱比赛，认识了综艺界的前辈，赛后更有前辈提议我们组建社团。我们采纳了这个建议，成立澳门无疆界青年协会，以社团负责人身份去策划'全澳大专院校歌唱大赛'和'全澳新秀粤语歌唱大赛'。"

"全澳大专院校歌唱大赛"是面向本地逾两万名大专学生的大型院校歌唱比赛交流平台，至 2017 年已举办四届赛事。曾是独立歌手的赵崇灏，明白演出机会得来不易，因此想打造这个交流平台，让年轻人接触音乐，为充满表演欲的大学生提供演出舞台。"当时我们到教青局（教育暨青年局）和各大专院校学生会拜访，积极联系各大专院校歌唱代表，促成了第一届全澳大专院校歌唱大赛的举行。"

"全澳大专院校歌唱大赛"是面向本地逾两万名大专学生的大型院校歌唱比赛交流平台
（图片由受访者提供）

赵崇灏介绍道："比赛在大专校界认受性甚高，因为是由各学校先进行校内比赛，再推荐优秀代表，以队制对抗赛形式进行交流比赛。第一届赛事举行时，我们和六间大专院校（澳门大学、澳门科技大学、澳门理工学院、圣若瑟大学、澳门镜湖护理学院、澳门旅游学院）合作，到 2017 年已是八间。其中后来加入的澳门城市大学和澳门管理学院，为了加入我们这项赛事，开始尝试在校内举行比赛，并邀请我们当活动顾问。"2016 年的举行的"全澳大专院校歌唱大赛"，获得由特区青年事务委员会主席、社会文化司司长谭俊荣颁发的"青年活动奖"。赵崇灏很高兴这项赛事成绩获肯定，他表示未来希望团结更多大专院校，一同筹办这项比赛。

谭俊荣（左）颁发"青年活动奖"给予澳门无疆界青年协会（图片由受访者提供）

率演艺精英闯成都

"全澳大专院校歌唱大赛"为本地乐坛培育了不少歌手，沈柏彤、蔡国柱、麦嘉欣、张可恩、林静翠等当年的大专学生，都曾参与过这项赛事，后来逐渐发展成独当一面的歌手或艺人。赵崇灏表示会邀请比赛的优秀代表一同录制专辑《小城乐章》系列，为他们实现出碟梦。

2017 年 8 月，赵崇灏和本地歌手李晓慧（Elise）以澳门无疆界青年协会名义担任音乐交流团团长和副团长，率领欧阳兆桦、张彤彤、梁健邦、张可恩、崔圣哲、林静翠、蔡国柱、利智立等一众演艺精英参与"2017 成都国际友城音乐周"演出，将澳门原创音乐带到内地，演出者的表现更得到成都观众的肯定。赵崇灏希望未来有更多这样的交流机会，携同更多年轻的演艺后辈参与演出，宣扬本地音乐。

　　据赵崇灏介绍，澳门无疆界青年协会自成立以来，除了吸纳音乐人才外，也有不少成员拥有其他创作和制作的才华和技能，他表示："在文创的领域，我们不满足于只发展音乐，也举办了其他类型的活动，鼓励更多表演形式，例如在南湾湖畔举行的'小城旅游文化推广嘉年华'，团结一众成员表演，为观众带来丰富的节目，提高大众对旅游文化节目的兴趣及关注。而我们早前和澳门城市大学学生事务处合办的'全澳大专院校街舞邀请赛'，为大专院校热爱街舞的学生提供一个校际切磋交流平台，提高学生们的凝聚力，挖掘具才华的舞蹈者。"

赵崇灏（中）感谢两位好拍档赵崇曦（左）、　　在"2017 成都国际友城音乐周"活动中，
李永汉（右）的协助和付出　　　　　　　　　　歌手们演出后兴奋合照
（图片由受访者提供）　　　　　　　　　　　　（图片由受访者提供）

鼓励青年关心社会

　　青年人是社会进步的动力，赵崇灏有感时下青年缺乏锻炼平台，故积极鼓励他们参与社会事务，关心社会，培养责任感和团队默契。

　　在 2017 年举办的"无分疆界青年关怀计划——青年共融大使"中，澳门无疆界青年协会发掘了十位来自本澳不同中学及大学的学生，了解澳门特

协会举行联欢活动，会员们玩得投入（图片由受访者提供）

殊奥运会的服务，与特奥学员见面、游戏互动、合作做手作。赵崇灏表示："好多同学仔初时都'怕怕丑丑'，但好快就熟络起来，我们还安排他们参与'全澳残疾人士体验日'，体验更多澳门特殊奥运会的工作，为特奥运动员打气！"

组织大专生与特奥委会成员参与慈善卖旗日（图片由受访者提供）

18 爱耳共融无障碍

——专访澳门聋人协会

每年3月3日是世界卫生组织订立的"国际爱耳日"，为响应这个富有意义的日子，澳门聋人协会于2017年举行"爱耳·共融·无障碍"系列活动，透过讲座以及开设咨询站，藉以唤醒大众养成保护听觉的习惯，关注无障碍环境的建设。

　　每年 3 月 3 日是世界卫生组织订立的"国际爱耳日"，为响应这个富有意义的日子，澳门聋人协会于 2017 年 3 月及 4 月举行"爱耳 · 共融 · 无障碍"系列活动，透过三场推广听觉辅具及与听障人士沟通策略为题的讲座，以及开设咨询站，向公众讲解听觉知识和辅具问题，藉以唤醒大众养成保护听觉的习惯，关注无障碍环境的建设。

澳门聋人协会总干事刘雪雯（左二）与听力师梁永恒、梁达峰（Eric）及社工郑慧琛介绍会务

创建无障碍社会

　　沟通是人类的基本权利，但对听障人士来说，每日面对最大的问题源于沟通。受沟通方式限制，他们不得不遇上各种生活障碍，加上普罗大众对他们面对的困难认识有限，故他们的真实需求也常被忽略。澳门聋人协会由 1994 年成立至今，一直致力为听障人士争取合理权益，让大众从听障人士的角度考虑他们切身的需要，从而创建公平的社会环境。

　　藉着"国际爱耳日"，澳门聋人协会于 2017 年举行了"辅具保养好轻松""生活辅具齐应用""聋健共融齐沟通"三场系列讲座，分别介绍保养听觉辅具的方法、各项生活辅具的功能和使用方法，以及听障人士日常遇到

澳门聋人协会举行三场讲座，分享听觉辅具信息及与听障人士的沟通技巧
（图片由澳门聋人协会提供）

沟通问题时可运用的策略和技巧。讲座的主要对象是聋人和听障人士，其家属或有兴趣人士均可参加，每场活动均派发由澳门聋人协会印制的《听语百科 · 听觉与辅具篇》。

听觉辅具保养切勿疏忽

澳门聋人协会听力师梁达峰（Eric）是三场讲座的主讲者，也负责咨询站的工作。Eric 表示："根据本会的观察所见，不少聋人或听障人士配戴辅具后却未有适当保养，导致与他人出现沟通问题。首场讲座，就是向观众分享辅具保养的贴士，因为听觉辅具是听障人士接收声音讯息的重要设备，要确保其功能正常运作，延长使用寿命，日常的保养功夫必不可少。"

Eric 发现，年轻的听障人士很重视辅具保养，而老年人则较疏忽大意。"我们检查后才发现，有些老人家的助听器内塞满耳垢，或已受损耗，但他们抱着'将就'的心态继续使用。因此我们觉得有必要开讲座和咨询站，告诉大家这观念是不对的，除了听得到外，听得好、听得清楚才是最重要的。"

听力师 Eric 向长者讲解辅具保养的方法（图片由澳门聋人协会提供）

第二场讲座中，Eric 便讲解了生活辅具的信息及使用方法，例如现时有不少电子设备如电话、计算机等附设蓝牙功能，助听器或人工耳蜗等听觉辅具可透过蓝牙无线连接，更清晰地接收声音的讯息。澳门聋人协会冀藉着这些信息分享，能减少听障人士在生活上的不便和困难。

Eric 又说："对听障人士来说，戴上听觉辅具并不意味着令他们完全恢

让长者戴上听觉辅具，亲身感受作用（图片由澳门聋人协会提供）

复听力，因此他们在声音讯息的接收上仍存有限制。第三场讲座的对象主要是健听人士，我们分享了一些日常可以运用到的沟通技巧，例如面对面说话时，尽量让听障人士能看到你的脸部表情和嘴型，对话句子长度不宜太长，避免过多指令等，提高他们与听障人士的沟通能力。"

刘雪雯表示："虽然 2017 年的'爱耳·共融·无障碍'系列活动是首次举行，但反应不俗，未来会继续举行相关主题的活动，向大众推广和分享更多护耳信息。而澳门聋人协会辖下的聋人服务中心，过去一直关注听障人士的生活和工作情况，除协助他们就业或转职外，亦会到不同企业开办讲座或手语工作坊，冀透过有效的宣传教育，让健听者理解听障人士在职场上遇到的困难，从根本上认同和接纳听障人士。"

"听 · 语 · 爱"关怀幼儿发展

过去多年，澳门聋人协会亦十分重视有听力和语言障碍儿童的健康发展。在获得澳门基金会的资助下，澳门聋人协会于 2013~2014 年开展第一期"听 · 语 · 爱关怀计划"，及后在 2015~2017 年开展第二期计划，其中包括"听语早期疗育计划"和"听语无障碍支持计划"。前者主动为本澳托儿所、幼儿园的幼童作听力及语言筛查，并为已确诊有听觉问题、语言发展迟缓的儿童进行及早介入治疗；后者则向听障人士提供辅助听觉装置，满足他们所需。

刘雪雯表示："及早发现是早期疗育的第一步，为被确诊儿童进行及早介入治疗，无疑可大大减轻其家庭压力。0~6 岁是幼儿的黄金治疗期，只要在此阶段及早发现问题并接受治疗或训练，情况将可改善，甚至痊愈，但一旦错过治疗期，或将影响他们未来一生的幸福。"

为令筛查人员进一步增加，澳门聋人协会于 2016 年底编制了本澳首份标准化语言筛查工具《澳门粤语学前语言筛查测验》。刘雪雯解释："该工具可供语言治疗师、通过教青局认可的语言训练教师课程人士、具幼儿工作经验的社工使用，藉此令更多不同专业人员参与筛查工作，从而发现于坊间未被察觉的小朋友语言迟缓个案。"

"听・语・爱关怀计划"为本澳幼童作听力及语言筛查（图片由澳门聋人协会提供）

本澳首份标准化语言筛查工具《澳门粤语学前语言筛查测验》

19 亲恩如春雨，润物细无声

——专访唐心儿协会

对于唐心儿（唐氏综合征儿童）妈妈来说，面对语言发育迟缓的幼儿，不止连一句完整的"妈妈，我爱你"都未必能听到，还要无日无之地忧虑子女未来的前途。澳门唐心儿协会，由一群乐天知命的家长组成，冀以过来人身份分享照顾唐心儿的经验，释除家长们的疑虑。

　　母亲节，是天下儿女向伟大母亲尽孝的时候，但对于唐心儿（唐氏综合征儿童）妈妈来说，面对语言发育迟缓的幼儿，不止连一句完整的"妈妈，我爱你"都未必能听到，还要无日无之地忧虑子女未来的前途，而且这份心事又怕被爱搬弄是非的旁人知道，只能蕴藏心底难开口……

　　2014年成立的唐心儿协会，由一群乐天知命的唐心儿家长组成，是一个以关心、爱护、协助唐氏综合征人士的权益，提升其福祉为宗旨的非营利团体。此外，协会还为于妊娠期怀疑怀有唐氏胎儿的妇女，以及初生唐心儿的父母提供心理辅导和咨询服务，冀以过来人身份分享照顾唐心儿的经验，释除家长们的疑虑。

唐心儿协会服务拓展主任梁小青（左一），与珠妈、根叔、蓉姐和齐妈等唐心儿家长合照

唐心儿家长谈照顾经验

　　小孩呱呱落地，并非一定身体健康，如果确诊为唐心儿，家长们也不必感到绝望。受访的四位唐心儿协会会员根叔、蓉姐、珠妈和齐妈，都是拥

有照顾唐心儿逾二十年经验的家长，他们的故事各有不同，但都费尽心力照顾患有唐氏综合征的家人，陪伴他们走过艰辛岁月，尝尽悲喜苦乐。在外人看来，他们的生活担子一点也不轻，但随着唐心儿协会的成立，他们也逐渐找到"同路人"，学习交流和分享照顾经验，在这条崎岖路上互助勉励。

　　家中育有唐心儿，除了给家长带来沉重而漫长的照顾压力外，唐心儿兄弟姐妹的日子也肯定不好过。过去四十多年，蓉姐和妈妈就一直承担着照顾唐氏弟弟的重责。2012 年，妈妈不幸离世，蓉姐咬紧牙关，决定将弟弟带到家里，与其婚后的家人同住。不难想象，这是个非常艰难的决定。

　　蓉姐表示："弟弟从小到大都命途多舛，小时候的他冇去读书，因为阿妈担心他被人欺负，所以将他一直留在家里照顾，但这也造成了他日后不太擅长与人沟通。"忆起弟弟做过的荒诞行为，蓉姐面露苦笑地说："长大后的他，试过有一次偷偷出门，把对面门口供奉的香烛拔掉，然后丢在垃圾房，引发火灾，不过当时冇人发现。直到第二次他再做同样行为，就被人捉个正着。此外，他经常夜晚不睡觉，又会去厨房偷东西吃，曾试过将整支豉油和油拿来喝，于是我们只好每晚临睡前锁上厨房的门。"

　　为了看顾弟弟，蓉姐每日几乎都没睡好，总是担心弟弟在夜晚又做出什么荒诞行为。不过，她也没有怨天尤人，反而默默照顾着弟弟。"阿妈还在世的时候，身体渐差，已经没有能力照顾细佬，后来得到社工的帮忙，细佬开始在启康中心读书，下午放学后，由我接他

唐心儿协会制作的宣传单张（图片由受访者提供）

回家。之后阿妈过身，我一个人照顾他真的很吃力，申请了多年，社工局也终于为细佬安排入住夜间院舍，现在他算是全日得到照顾，这也让我和家人暂时放下了心头大石。"

与博华特殊学校进行交流活动，一班唐宝宝玩得好开心（图片由受访者提供）

冀社会大众接纳唐心儿

和唐心儿妈妈接触，发现她们的心态大致相同，都是非常疼爱儿女。齐妈和珠妈各自育有一个 20 岁出头的儿子和女儿，当最初得知诞下的是唐心儿，两位妈妈都表示无法接受现实，但后来逐渐想通，相信孩子能透过不断学习改变人生。珠妈说，"一听到女儿是唐氏，第一个想法就是'死啦，以后点算（怎么办）呀？'，护士劝我去看下个 BB，我当时一直不敢去。直至在医院的第四日，我才'㧬起心肝'（下定决心）去望一望，发现她当时摊坐在床上，我叫了她一声，她竟然笑了一下，我便觉得她一点也不笨，然后对自己说，要畀心机（很用心），她应该可以叻（聪明）过其他人。"

　　齐妈坦言自己初为人母时，对早疗教育一窍不通，后来看书才知道，自己错过了儿子的黄金治疗期（0~6岁），所以懊悔不已。"当知道个仔是唐心儿，真的很心慌，老公还以为他会养唔大，冇得教。他两三岁时，我一直不敢带他出街，怕被人知道他是唐心儿，后来当然知道这想法是错的。由小到大，他都受到我过分保护，沟通和自理能力都很差，就算上学后都没有得到改善，现在想来真的很后悔，我觉得是心理压力阻碍了我好好去教育他。其实我觉得他是个叻仔，还记得他两三岁已识'担凳仔'（搬凳子）爬上床望向窗边，但那时我根本不会欣赏他。"

　　养儿一百岁，长忧九十九，面对子女逐渐长大成人，珠妈和齐妈当然未放心，每日仍为子女的事劳碌奔波。二人最想看到的，是子女完成学业后能顺利获社工局安排，进入协助唐氏成人融入社会的职业训练中心。二人表示："希望社会大众能够接纳他们，多给机会他们，认同他们也是澳门市民的一分子。"

2016年举行"爱心抱抱嘉年华暨图片展"，期望藉着拥抱与微笑，打破人与人间的隔阂，让社会大众认识与接触唐氏综合征人士（图片由受访者提供）

唐心儿协会开设非洲鼓班，致力发掘唐宝宝的兴趣（图片由受访者提供）

骨肉之情难分割

碍于中国人传统观念，唐心儿爸爸怕社会不太接受自己的子女是唐宝宝，一般都会选择默默照顾，而甚少站出来为子女发声。但根叔没有避讳，直言希望自己养育 20 多年的儿子能得到政府或企业的支持，从而找到一份全职工作，贡献社会。

根叔表示，每位唐心儿都有着自己独特的个性和思想感情，有的热爱音乐、舞蹈，有的喜欢模仿别人，他们并非一无是处。唐心儿协会多年来致力于发掘唐宝宝的兴趣，例如开设绘画班、非洲鼓班、钢琴班，目的是让他们习得一技之长，以及提高学习的专注力。2016 年，唐心儿更与罗嘉豪、陈伟成、祖丝等本地歌手合作，一起录制唐心儿协会的会歌《唐心儿》以及推出慈善专辑，而专辑里的歌词都是由唐宝宝一句句用手抄写，非常有心思。

唐宝宝和本地歌手合作录制歌曲（图片由受访者提供）

专辑里的歌词都是由唐宝宝一句句用手抄写，非常有心思（图片由受访者提供）

　　和几位唐心儿家长对话，除了被他们乐天知命的性格感动外，印象最深刻的就是他们甘为患有唐氏综合征的家人献出无私的爱，默默守候身边，无怨无悔地照顾。世上最伟大的恩情，莫过于至亲的养育之恩，值得我们好好珍视，用至诚的心去感激，用切实行动去报答。

20 同行哺乳成长路

——专访澳门母乳协会

母乳，是上天给予女性孕育生命的礼物，是最
有营养的食物；喂哺母乳，也是最自然不
过的事。如今，有不少母亲选择以喂哺母乳取代配方奶粉，
尽管有可能遇到重重障碍，但为了给小孩最好的，母亲们
仍然都坚持不懈地喂哺。

　　母乳，是上天给予女性孕育生命的礼物，是最有营养的食物；喂哺母乳，也是最自然不过的事。如今，有不少母亲选择以喂哺母乳取代配方奶粉，尽管有可能遇到如家庭、工作及社会目光等重重障碍。一些根深蒂固的社会理念仍需要一点一滴地改变，一些知识上的谬误仍需要靠专业知识来修正，但为了给小孩最好的，母亲们仍然都坚持不懈地喂哺。澳门母乳协会于2013年成立，以专业的团队和过来人的身份，给予母乳妈妈更多的理解、体谅和关爱，和她们同行这条哺乳之路。

澳门母乳协会举行"母乳快闪"活动，冀藉此支持母乳妈妈站起来，捍卫自己和宝宝的权益
（图片由受访者提供）

难行的喂哺之路

　　要孕育生命从不容易，父母无条件的爱给予小孩成长的力量。尽力给小孩最好的，让他们健康快乐成长，是父母最大的梦想，而母乳是喂养孩子的最好选择。世界卫生组织（WHO）提倡婴儿首六个月纯以母乳喂养，然后逐步加入固体食物，同时，母乳喂养直至两岁以上；宝宝出生首两三年，

他们的自我制造抗体能力低，容易受到感染，母乳所含的天然抗体、活免疫细胞、酵素等，正好可降低感染疾病的风险；埋身喂哺母乳更能让宝宝和妈妈肌肤相亲，给予宝宝安全感，巩固亲子关系。因此，喂哺母乳可说是有百利而无一害，但母乳喂哺仍面临重重障碍，让母乳持续喂哺状况未见理想。

　　澳门母乳协会会长龙绮汶（Edith）和理事长梁淑雯（Yolanda）都是母乳妈妈，多年来提倡母乳喂哺。Edith 表示："母乳妈妈面对不少来自各方的压力，例如家人对母乳的误解，怕妈妈累或认为配方奶粉才好等等；重投工作时雇主对待雇员的态度，有没有给足够的时间和空间让妈妈泵奶；社会上的价值观，例如出门喂哺时面对的异样眼光、闲言闲语等等；更甚是妈妈质疑自己的能力，担心小孩有没有吃饱，奶水不足等等问题……都有可能成为母乳妈妈难以坚持喂哺母乳的原因。"

澳门母乳协会会长龙绮汶（右）和理事长梁淑雯（左）都是母乳妈妈

　　为母乳妈妈提供友善的社会环境是支持她们走下去的关键，需要官民合作积极推动母乳喂哺。澳门卫生局于 2016 年推出《母乳喂哺室设备及管理标准指引》，推动"母乳喂哺友善工作间"，为正在喂哺母乳的雇员提供一个合适、友善的环境，政府更带头在一些政府部门增设母乳喂哺室，有社会的支持便能大大减少在职母乳妈妈的压力。

协会以亲身经验帮助母乳妈妈

澳门母乳协会作为本澳首个母乳妈妈组织的团体，一直以过来人的身份为母乳妈妈解决疑难，更发挥了同行者的作用，让其他妈妈排解喂哺路上的情绪和压力。协会在每双数月的第二个星期日下午，都会举办"母乳妈妈我撑你——哺乳交流分享会"，分享如怎样辨别宝宝吃饱、职场妈妈的困难、如何让家人支持自己持续喂哺等问题，由母乳协会支持小组的义工分享，他们当中有医生、护士、国际认证泌乳顾问等等，更有喂哺超过六个月或以上、经过培训的义工妈妈在场分享经验，通过专业知识的分享和义工以同行者之身的陪伴，来为母乳妈妈解决疑难。

本身是国际认证泌乳顾问又是注册物理治疗师的母乳协会会长Edith表示，单是宝宝有没有吃饱这问题就已令不少妈妈头疼："有没有吃饱常常困扰着妈妈们，所以每次分享会都会吸引很多妈妈到场听讲。很多妈妈都说明明已经吃过了（母乳）还哭，怕自己喂得不够。其实我们一直提倡'按需喂哺'而非'按时喂哺'，有时候是因为妈妈的安抚方法过度单一，认为宝宝

澳门母乳协会在每双数月的第二个星期日下午，都会举办"母乳妈妈我撑你——哺乳交流分享会"
（图片由受访者提供）

喂哺超过六个月或以上的妈妈可参加义工培训，以过来人的身份陪伴新手妈妈同行喂哺之路（图片由受访者提供）

哭就给奶吃。其实有可能是宝宝困了，所以我们会教导怎样为之吃到奶、如何从宝宝的肢体动作判别是否真的想要吃奶、不同的抱法和安抚技巧等等。曾经有位妈妈说喂哺很辛苦，宝宝经常哭，每次一哭都会再喂，生怕宝宝吃不饱。后来来到分享会询问时才发现，原来是她的扫风方式未到位，之后她

课堂上，导师教授义工各方面专业知识（图片由受访者提供）

学习了正确的扫风方式才解决了问题。面对面的提问和分享，能够更透彻地帮助母乳妈妈们，帮其排除喂哺路上的障碍。"

家人和社会同行的喂哺之路

母乳妈妈需要更多的友善空间和支持，因此，澳门母乳协会举办不少活动宣传母乳喂哺，希望藉此改变社会观念。Edith 说："曾经有听过会员向我们反映，在一家中式酒楼饮茶时喂哺母乳都被职员请去厕所，所以我们通过快闪活动来宣扬喂哺母乳，我们不需要害怕，不需要觉得着愧，因为这是最自然不过的事。我们曾举办母乳快闪活动，派发哺乳巾给妈妈在公园喂哺，希望藉此支持我们母乳妈妈站起来，捍卫自己和宝宝的权益，让爱走动。"

澳门母乳协会曾举办"最'营'家庭'哺'队巡礼——美满幸福哺乳家庭嘉许日"，颁发嘉许状给默默支持母乳妈妈的家人（图片由受访者提供）

理事长 Yolanda 说自己喂哺母乳时曾试过被赶走："那时我在香港的商场内，在椅子上用喂奶巾包着哺乳，结果被请到后楼梯的换片室喂哺，但那里非常闷热也弄得宝宝发脾气。不过我也遇过在酒楼有热心的经理知道我要泵奶，为我开了一间新娘房泵奶，令我觉得很窝心。"

家人的支持和陪伴，能为母乳妈妈打下强心针。Yolanda 说初决定喂母乳时不获家人支持："那时在山顶医院听了讲座后决心喂母乳，但家人觉得这样太辛苦而不支持，我还和妈妈吵了大架，但后来我发现在不被理解下更需要去沟通，我希望妈妈明白，她会想给我最好的东西，同样地，我也想给我的宝宝最好的东西，而我认为母乳就是对宝宝最好的东西。慢慢沟通后，妈妈由不支持变成全力支持；先生也从担心我睡不够，到现在落力叫朋友喂哺母乳；奶奶也了解到有什么汤水会收奶，有什么汤水会上奶，便一直为我煲汤养身打气，家人的配合和理解给了自己很大的鼓舞。"

为了感谢支持和帮忙母乳妈妈哺育的家庭成员，澳门母乳协会于 2017 年举办"最'营'家庭'哺'队巡礼——美满幸福哺乳家庭嘉许日"，颁发了 80 多张嘉许状给默默支持母乳妈妈的家人。在父亲节，协会更举办影片活动，鼓励大家拍摄家人是如何支持母乳喂哺的片段。希望通过一系列活动，让社会大众知道母乳哺育和家人的支持有着密不可分的关系，因为有家人的支持，才能让母乳妈妈的喂哺之路不再孤单。

"母乳快闪"活动即场派发哺乳巾给妈妈在公园喂哺，不少妈妈到场响应（图片由受访者提供）

21 看不见却拥有彩虹

——专访澳门视障人士权益促进会

你有没有想过，盲人可以做社工、市长甚至电脑工程师？这都是张志邦在美国的亲身所闻。他认为："你想成为怎样的人，是可以选择的，这基本的权利不只是普通人可拥有，其实视障人士也一样可以。"

你有没有想过，盲人可以做社工、市长甚至电脑工程师，完全不靠双眼，拆散并重装一部电脑？这都是澳门视障人士权益促进会创办人张志邦在美国的亲身所闻。他认为，视障人士只要接受适当的教育，也可以做到与常人无异的事。"即使在生理上与普通人有一点区别，但人本来是生而平等的。你想成为怎样的人，是可以选择的，这基本的权利不只是普通人可拥有，其实视障人士也一样可以。"带着这个信念，张志邦从美国回到小城，成立澳门视障人士权益促进会（下称"视促会"），希望推动视障人士在社会上得到公平的权利。

澳门视障人士权益促进会会长张志邦（图片由受访者提供）

以过来人身份回馈社会

张志邦是一位严重弱视的后天视障人士。他 13 岁那年，一觉醒来眼前的世界变得模糊，感觉像有一层雾在眼前，家人起初还不相信他，以为是他不想上学的借口，直至哥哥发现本来热爱运动的他，连足球溜到面前也看不见……家人带着他四出求医，几年来的诊治不果，令他十分气馁。但幸运的是，在 20

世纪 90 年代他 20 岁出头时，有机会与家人移民到美国。美国对视障人士的教育与设施相对完善和成熟，对于像张志邦这样有严重弱视的视障人士，有一套完整系统的教育方法。张志邦在美国完成社工学位，毕业后投身社会福利机构，以自身经历帮助其他视障人士。

张志邦以过来人身份，推动本澳视障服务
（图片由受访者提供）

晃眼十多年过去，张志邦有感澳门特区政府对视障人士的生活补贴虽然不断上升，但在教育、就业、个人权利等方面却仿佛停留在 20 世纪 70 年代时期的水平。所以在 2007 年中，他决定辞掉美国的工作，举家搬回澳门，以过来人的身份，把美国"令残障人士成为纳税人，而不是福利受惠者"的概念引入澳门。他希望以自身的经历和知识，回馈自己的出生地，也希望本澳视障人士能够有能力选择适合自己的生活，在社会上有尊严地生活。

推动本澳视障服务

回澳后，张志邦联同一班视障人士自发成立"澳门视障人士权益促进会"，但过程波折重重。由于会员都是视障人士，如要找一个开会的地方，必须要是视障人士"懂得去"和"去得到"的地方，所以也需要费尽心思。幸好，皇天不负有心人，2011 年中，视促会终于成功注册。张志邦兴奋地向笔者忆述，成立视促会的第一个活动是参加"明爱慈善园游会"，令大众亲身接触视障人士及其家人，消除歧视——这也正是视促会的宗旨。而整个活动的筹备、组织，甚至到制作宣传单张也是只得几位视障人士"一脚踢"。幸运的是，当时获社工局资助，令活动能顺利进行。

自视促会成立后，他们不断进入小区和不同政府部门、学校、公共和私人机构及团体推动公民教育活动，也藉着沟通交流，推动政府各部门关注视障人士的生活状况，如配合政府推动构建无障碍的出行环境，对在交通灯安装电子发声装置、在公共巴士车厢设置报站系统等方面提供了不少有用的建议。

张志邦认为，只有视障人士才会最知道自己的需要。视促会除了积极参与社会事务外，更一直扶持因视障问题饱受痛苦的视障人士和无助的视障人士家属。最为人熟悉的，是早年为先天眼角膜混浊而视障的幼童小加珈筹款，令小加珈能到美国就医，小加珈的父母不再孤独面对；2016 年开设的全澳首个视障特教班，也是在视障儿童家长和视促会与政府积极沟通和争取下顺利开班，至截稿时已有三位视障小朋友入读。

| 拍摄励志视障电影《破晓之前》，讲述主人翁成为视障人士的心路历程（图片由受访者提供） | 视促会举办电影分享会、义工嘉许礼及中秋联欢会等活动（图片由受访者提供） |

加入世界盲人联盟

不得不提的是，2014 年视促会正式代表澳门成为世界盲人联盟及国际盲人体育联盟的成员。张志邦认为，这是视促会的一个里程碑，能够加入世界盲人联盟得来不易。

世界盲人联盟旨在使全世界的盲人以平等的机会和权利参与社会生活，而世界盲人联盟的会席是按国家分配的，中国共有十席，其中两席给了台湾，两席给了香港。在张志邦等人努力沟通下，中国残疾人联合会批准并同意从中国内地六个席位中划拨一个给予视促会，更有机会获邀前往美国佛罗里达州奥兰多市参加世界盲人联盟举办的大会和做出投票。而视促会也将本澳现时的视障服务，包括教育、就业、无障碍设施和社会福利等现况，向世界盲人联盟报告，并把专家学者的意见及经验带回本澳以做参考，逐步改善和优化视障服务。回想当日加入世界盲人联盟，张志邦表示："可说是一个奇迹，我们代表澳门千多位视障人士取得一席，在得知成功的那一刻，除了感动，更多的是难以置信。"

经过练习，视障人士做运动无难度（图片由受访者提供）

创建共融社会

视促会更会不定期举办活动，加强视障人士与市民的交流，如曾前往澳门苹果专门店培训和分享与视障人士的基本沟通技巧和领路法；向何东中葡小学赠送三支特制迷你白杖（视障人士用以辅助行动定向的手杖）给学校做视障教育之用；以及培训相关视障幼童教育人员，教授有关与视障人士的基本沟通技巧、使用白杖的概念及认识领路法的基本知识等。藉着这些交流和培训，让市民更了解视障人士出行和在生活中的需要，消除隔膜，也藉此鼓励视障人士走出家门，融入社会，能有选择地过如普通人一样的独立生活。

视促会前往澳门苹果专门店培训职员与视障人士的基本沟通技巧和领路法
（图片由受访者提供）

会员与家人前往澳门苹果专门店培训和体验iPhone 的语音功能
（图片由受访者提供）

视促会赠送白杖给何东中葡小学，并培训相关视障幼童教育人员（图片由受访者提供）

22 让"故事"改变生命

——记澳门选美连盟探访贵州留守儿童

在内地部分地区，不少父母离乡背井到大城市打工养家，孩子独留家中，和父母长期分开的他们被称为"留守儿童"。为了支持乐施会帮助留守儿童及发展项目，澳门选美连盟亲自送"爱"到贵州，为这些孩子带去温暖与关怀。

　　在我们这个城市，有免费教育、能在父母身边、能健康快乐，难道不已经是一种幸福了吗？在内地部分地区，不少父母离乡背井到大城市打工养家，孩子独留家中下田种植，没有受教育的机会并不罕见，和父母长期分开的他们被称为"留守儿童"。这些缺乏父母关爱的孩子，需要更多爱的关怀和陪伴。为了支持乐施会帮助留守儿童及发展"新一千零一夜"项目，澳门选美连盟与澳门乐施会合作进行义卖筹款，更亲自送"爱"到贵州。

（左起）秘书长叶沛文、女歌手苏俏慧、理事长伍家怡、杨埕以及副理事长冼韵怡
一同送爱到贵州（图片由受访者提供）

澳门选美连盟送爱到贵州

　　澳门选美连盟于 2015 年底与澳门乐施会合作举办"满满爱义卖大行动"，透过市集或时装店等地方义卖、举办户外瑜伽活动、呼朋引伴捐献等途径筹款，所筹得的款项透过乐施会捐赠到贵州，帮助一班留守儿童及发展"新一千零一夜"项目。2017 年 4 月，澳门选美连盟理事长伍家怡、副理事长冼韵怡、秘书长叶沛文、成员杨埕及女歌手苏俏慧更亲自到贵州探访六

日五夜，了解计划的成果。

理事长伍家怡表示澳门选美连盟欣赏乐施会的理念："乐施会希望达到助人自助的精神，希望受助者不是不劳而获地得到资助，而是能自己发展生计。例如，我以前探访过云南农村，他们需要担水种植，而乐施会会资助他们建水管，但有一部分的资金还是需要村民自己集资；甚或会作为他们的担保人向银行借贷买牛羊等等；也像我们这次探访筹备的时候，打算买一些画笔等文具过去给他们，但乐施会建议我们只带糖果等小礼物当作是玩游戏的奖励就好了，这些理念都在项目进行或亲自探访时让我们有更深入的理解。"

理事长伍家怡（左）和副理事长冼韵怡觉得是次旅程获益良多

留守儿童需要更多关爱

在六天五夜的行程里面，选美连盟代表拜访了不同的学校，接触了不同的学生和老师，了解了当地的教育情况，伍家怡说："他们的状况已经不是绝对贫穷，而是相对贫穷，内地的学校硬件资源尚算可以，最大问题却是软件，师资不足成为主要的问题，有些学校全校只有一个音乐老师，就算学生排了课表要上音乐堂，也会因为没有老师要改上其他课。内地教育也开始改革，由农村撤校合并到城市学校，孩子上学的生活成本负担高了，他们和家人分开成了'留守儿童'。"

和当地小朋友一同玩游戏（图片由受访者提供）

2013 年 5 月发布的一份调查显示，内地留守儿童据估算已超过 6000 万。他们从小和父母分离，没有得到关顾，心理问题是隐患，更可能会有孤僻内向、情绪消极或暴力倾向等心理缺陷症状出现。冼韵怡说："有位留守儿童只能和叔叔同住，但因为不喜欢叔叔所以平日都没有交谈，有时甚至会发脾气摔东西。"正因为有些心理的问题并不是用金钱捐献就能简单解决的，乐施会用心推出"新一千零一夜"项目，希望能给留守儿童多一分陪伴，安抚他们的心。

"睡前故事"改写留守儿童人生

"新一千零一夜"是为留守儿童度身订制的项目，对象涵盖小一到小六

派发糖果当作游戏奖励（图片由受访者提供）

的学生，项目每晚都会为住校学生播放睡前故事，来安抚他们安心入睡，这计划已让贵州逾 49 家学校及逾 1.6 万名住校儿童受惠。每晚播放的故事种类繁多，有民间故事、侦探故事如《福尔摩斯》、章回小说如《水浒传》等，每晚像连续剧一样准时播放，让小朋友都期待临睡前这个小时光。

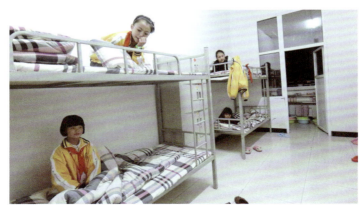

孩子们都乖乖待在床上等待每晚的"新一千零一夜"睡前故事（图片由受访者提供）

　　伍家怡表示，老师们均回馈说项目成效显著："学生的性格出现了变化，如以前每晚宿舍都会吵闹失控，但现在学生们会乖乖梳洗完毕，准时回到床上等待听故事；更有些本来性格内向的学生变得外向活泼了；同学们间以前可能会吵架、打架，但因为睡前故事让同学间话题多了，留守住宿的同学更会分享昨晚听到的故事给没有住宿的同学，也有同学从故事中学会要有礼貌，这些都让同学之间的关系更紧密；有些说着农村方言的小朋友听了故事让普通话发音更标准；有些更会自发到图书馆找故事下集看；学校更会举办讲故事和听后感比赛。"故事让留守儿童开阔了对世界的认知，发挥了想象力，更从故事里学习了做人的道理，小小的睡前故事，却潜移默化地改写着留守儿童的人生故事。

和孩子聊天，更深入地了解他们的内心世界（图片由受访者提供）

爸妈的陪伴是最大的愿望

　　小孩最需要父母的爱，但留守儿童却从小就要学会独立自主。伍家怡说："有一位同学告诉我，他五岁还没能上小学时，父母已经出城打工，家里只有他自己一个人住，自己煮饭打理自己的起居饮食。这是我们都无法想象的生活。当问到他们有什么愿望时，他们的愿望就只是爸妈放假时能带自己去玩，能陪自己。"

没有父母在身边的他们在学校学习知识，希望能改变命运，学校成为另一个家，校长、老师成为他们的"父母"。冼韵怡说，参观学校时能看到

伍家怡感受到善款用得其所，透过计划去改变现况（图片由受访者提供）

经过各方辛苦努力过后的成果在学校里发芽，改变着留守儿童的人生（图片由受访者提供）

学校的热忱："校长老师都悉心栽培孩子，除了传授书本上的知识外，还教他们耕作、陶瓷等知识和手艺，看见了在各方辛苦努力过后的成果在学校里发芽，改变着留守儿童的人生，觉得一切的辛苦都是值得的，这次探访是一趟既难忘又快乐的旅程。"

23 毛孩超人

——专访澳门动物拯救队

如果 说，这世界上有强者和弱者之分，那这个世界不该是"弱肉强食"的，而是应该由强者保护弱者。那些最无法开口求救的弱者，莫过于在街上流浪的毛孩（动物）们。由几位年轻人所创立的澳门动物拯救协会，不辞劳苦地出动拯救需要紧急救援的毛孩，他们好像"超人"一样接到求助便迅速出动，拯救毛孩渡过难关，并将它们的故事改写。

如果说，这世界上有强者和弱者之分，那这个世界不该是"弱肉强食"的，而是应该由强者保护弱者。那些最无法开口求救的弱者，莫过于在街上流浪的毛孩（动物）们。值得庆幸的是，《动物保护法》在 2016 年 9 月生效，"强者"也越来越多。由几位年轻人所创立的澳门动物拯救协会，不辞劳苦地出动拯救需要紧急救援的毛孩，他们好像"超人"一样接到求助便迅速出动，拯救毛孩渡过难关，并将它们的故事改写。

澳门动物拯救协会在 2016 年 3 月正式注册，接报后会尽速在 30 分钟内到达拯救，半年内已经处理超过 100 宗的求助个案

将"无助"转变成动力

作为一般人，看见动物于危难之中，除了在旁边彷徨无助，有时候还真的不知道可以找谁求救，澳门动物拯救协会理事长 Oscar 也曾同样心同感受："有次我在筷子基看见一只流浪狗行动不便，我不想打去相关部门，因为它们有可能会被安乐死。打去一些动物保护团体，早上打去，他们说下午才能到达拯救。当时感受到求助无门，受伤动物也不能立即被拯救，于是

就在想是不是可以为它们做些什么。因为我自己很喜欢动物，本身也在急救团体做了七年义工，所以就联同在急救队里的师兄一起创办了澳门动物拯救协会。"

于是澳门动物拯救协会从 2 个人的拯救队，演变到理事会有 6 人，主力拯救的义工有 12 人。成立后的短短半年里，已经处理超过 100 宗的求助个案。Oscar 认为每个动物保护团体的性质都不同，他们希望补上紧急拯救服务的缺口，可以做到提供实时性的救急服务，Oscar 说："我不敢说我们是厉害的人，也没有什么我想改变世界的宏愿，只是希望用自己的能力，救得一只得一只。"

拯救队都是爱动物之人，无条件地尽力拯救生命

随时候命拯救队

澳门动物拯救协会的服务只受理重伤、危急的伤病流浪动物，例如被捕兽器夹伤、车祸受伤等情况。一收到求助者于 Facebook 的讯息，他们便会立即召集义工，通常会在 30 分钟内到达现场。拯救服务分为三类，

第一类是紧急拯救服务，此种情况下会实时派出二至三个人拯救；第二类是协助拯救服务，当有些情况比较危险无法独力拯救时，便会致电消防协助，拯救后在场接手将动物送医；第三类是预约救援服务，例如发现一些长期生活在同一处的流浪动物有生病症状，但因不算太紧急，便会先筹备拯救计划，再出动救走其中一些需要就医的动物。

动物受伤过后会对人更有戒心，义工们需要花更多的时间和它们相处

协会人员用自己的时间拯救动物，协会的粉丝专页讯息平均回复时间是几分钟，甚至在凌晨两点收到讯息都会出动，Oscar 说："如果有收到讯息，都会尽力召集义工出动，但有时因为人手问题，或是收到讯息时大家都已经睡着了，才无法实时去拯救。我们也很希望将来的到达现场时间由 30 分钟缩短至 10 分钟。"

"英雄"难当

人们赞颂的"英雄"光环，背后往往都有令人无法想象的满路荆棘，但因为爱动物这个单纯念头，他们仍然一步步地走着。Oscar 说："我会形容现在是见步行步，不管是拯救行动上，还是财政和义工人手上，都面临重重困难。在拯救动物的时候，因为它们已经受伤了，所以会比平常更具警觉性，更不容易捕捉。成功拯救回来的动物要到医院就医，医疗费用庞大，财政问题就更加困难重重。就单单一只最近拯救回来被车撞倒的流浪狗南南，手术费已接近两万了，我们每个月都有六至八宗任务，费用可想而知的庞大，但幸好，大家都是本着为动物好的心出发，不同的团体之间都会互相帮忙。有时我们财政实在太困难，其他动物保护团体会接收我们救回来的动物，并全数资助医药费。我们也有办一些义卖，也有计划和银行合作，让有意资助的人以固定形式的捐款支持我们，让我们有更多的资源去拯救动物。再者，动物康复之后，还要面对替它们找领养者的大难关，悉心挑选领养者，还要定期做家访看动物的情况。我们几乎做到百分之百为获救援的动物找到

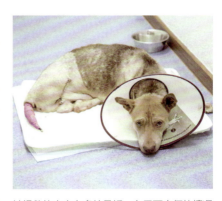

被拯救的南南有多处骨折，在无可奈何的情况下医生决定截肢，虽情况已经稳定下来，但医疗费庞大，也令协会的财政难题百上加斤

领养者，因为舍不得把它们放回原处继续流浪，所以都会尽力帮它们找到好人家。"

改写毛孩的故事

Oscar 说，最难忘的拯救是救一只叫"初 BB"的流浪猫，"接报说猫猫口中吐血，躲在司打口的电单车之间。当时我们正在上班都赶去，每个人穿着西装、高跟鞋，超级不方便。它受惊躲到马路边的电单车底，而我们只有毛巾、纸皮箱和笼三样物资，因为怕它冲出马路，几个义工在车水马龙的马路边蹲下来，用纸皮围着车边封着，还去问附近店家借拉闸的长棍。我用棍一直'撩'它，希望引它靠近我们，但它一直逃走，几乎马路的每个车位我们蹲下来撩过。现在想想，当时蹲在马路边真的很危险，但为了救它也没想那么多。最后拯救成功，原来猫猫是被狗咬过，再被车撞倒，到诊所时已奄奄一息了。我们像亲人一样在手术室外面担心难过，心都悬在半空，当时是真的很想哭。医生说它腹膜破裂，内脏可以跑到全身了，还加上肺炎，幸

Oscar 最难忘的拯救故事主角初 BB　　　　初 BB，由当时奄奄一息变成现在帅帅又爱
　　　　　　　　　　　　　　　　　　　　　　黏人的猫猫

好最后都大步槛过。最后是医生收养了它，现在变得很帅，由差点惨死街头到现在生活得很幸福，那种心情真的很难忘。"或许就是因为那一点幸运，让大家的生命有了交集，毛孩能死里逃生，更有了自己的名字。他们做着自己相信的事，改写着一个又一个生命故事，大概，只有这样的"傻人"，才能滴水穿石，改变世界。

　　（后记：因财政资源不足，澳门动物拯救协会于 2018 年 3 月暂停拯救服务，期望在努力重整后早日归来。）

24 守护小城猫毛孩
——专访爱心猫义工

20 17 年初"螺丝山杀猫事件"曝光后，流浪动物问题被大众广泛讨论，到底澳门的流浪猫救援工作是怎样的？我们邀得独立义工波姨与小瑜接受访问，与大家分享救援猫毛孩的日常工作和心得。

　　世界上任何正常的猫再凶恶，都没有主动攻击人的意识。虽然它们有着敏捷的身手，及与生俱来捕猎的天性，但面对蛊惑的人类，弱小的猫还是容易被施以毒手。2016 年本澳《动物保护法》通过，但小城中流浪猫被毒死、杀害的情况，却防不胜防地上演。2017 年初"螺丝山杀猫事件"曝光后，流浪动物问题被大众广泛讨论，到底澳门的流浪猫救援工作是怎样的？今次邀得独立义工波姨与小瑜接受访问，让她们分享救援猫毛孩的日常工作和心得。

波姨开设"波天地"，收养流浪猫

收养流浪猫

　　澳门民政总署统计数字显示，2017 年 1~10 月被捕获的犬只及猫只分别为 297 只和 156 只，而现时一些动物保护团体会把合资格（即动物被捕获并经检验后被评为可领养）的动物救出，并再次等待有心人领养。猫的情况较为特别，它并不需要像狗一般待人领养，而且相对于狗，猫较懂得藏身，且很少主动攻击人类，因此救援猫的工作主要是捕获后绝育再放养，以此杜绝它们不断繁殖的机会。而由波姨打理的"波天地"，便是澳门流浪猫的重要集中地。

"波天地"负责人波姨，是2017年初"螺丝山杀猫事件"的发现者，当时她要求民政总署（现市政署）给死猫验尸，并证实猫是被人蓄意踢死的。事件发生后，波姨主动联络媒体报道事件，警方亦开展调查，可惜因公园没有安装天眼，苦无证据，调查被逼终止收场。事后波姨一直提倡在公园装设天眼，以防同类事件再发生。

"波天地"的猫感情要好

要求领养者装纱窗

2011年，波姨在螺丝山公园附近的小铺中开设"波天地"，收养被遗弃或流浪的猫。按波姨的粗略估算，曾在"波天地"住过的猫有过百只，这里的开支一直以来都是靠自己出资和爱心人士的帮助来维持。访问时在"波天地"有着30多只流浪猫，每只猫都可接受领养，大多是由其他义工救回来"过冷河"（接受治疗和等待被领养）的，或是因年纪太小需要波姨照顾，当中也有一些是从公园带回

波姨冀公园内设置天眼，严惩凶徒

来，准备绝育后放回公园。波姨除了每天早上回"波天地"清洁打扫，还要为猫东奔西跑四处"家访"。

虽说"担起这头家"（承担起这个职责）不易，但波姨对领养者的家庭条件并没有放松，坚持每位领养者的家中都要装有纱窗。她说："有不少人听到要家访都因而放弃领养，但我十分坚持这一点，要求他们装纱窗，确保猫的安全。有人会说'我不会开窗的'，但事实证明只要一次失误，猫就有可能走失再也寻不回来，甚至会坠楼。"有不少朋友看到波姨因照顾猫们的支出大，都会劝她："有人养就好了，你又不用这样辛苦。"甚至有网民因不愿意装纱窗（成本问题）未能成功领养，反过来问波姨："有人想养你都不给，是不是你舍不得呀？"但波姨都要坚守这道底线："如果连纱窗这些钱都不愿意支付，我又如何放心将猫的下半生交托你呢？"

被接到"波天地"的猫源源不绝，而波姨更希望猫的生活要回归大自然。"其实猫的天性是想生活在野外，它们能与人类和平相处，如没有虐待事件，猫更适合在公园里放养。"而尽快在公园内设置天眼，是波姨的最大心愿。

因想在网上发布领养消息，波姨学会了玩 Facebook

波姨说："这里（'波天地'）的猫都很热情，可能是怕没有人爱锡（疼爱）吧。"

救猫成本不菲

独立义工小瑜也是爱猫之人，曾救助过不少受伤的猫。她表示，救动物不可以只靠一腔热血。"如果我看不到就没得讲，但当我见到一些需要帮忙的动物，我不可能不去救。"

小瑜是一位普通的主妇，她有自己的事业，除了上班、下班，还会每天到家楼下的停车场喂饲三只在那里住的流浪猫。此外，她在家门外放了一个空的笼子，这笼子是一些流浪猫狗的中转站。知道这小地方的义工们会把流浪动物送到这里，等待找到合适领养人带回家。2016 年 11 月，停车场的三只猫生了九只猫仔女，考虑到安全问题，小瑜一次过救了九只猫仔女，并把猫父母带到诊所绝育，这一救涉及的金额竟达五位数。

小瑜在家门外放置笼子，随时准备接待救来的流浪动物

小瑜说："猫救回来后，一定要带到诊所做身体检查和验猫瘟（即猫泛白细胞减少症，是最常见的猫咪疾病之一，这种病发病快，死亡率高，是幼猫的强力杀手），九只猫的医药费加起来近 8000

小瑜每天都在停车场喂饲流浪猫

元。此外，还要买幼猫罐头、猫砂、打预防针……最'攞命'（耍命）的是要把每只猫都彻底清洁干净，有好几天做到凌晨四点，连我老公都说我为什么这么辛苦。"

收养要量力而为

小瑜说分享自己救猫的辛酸史，并不是要说明她有多伟大，而是想告诉大家，救一只猫不可以只靠一腔热血。不少热心人士见到流浪动物都会有恻隐之心，但并没考虑到实际情况，最后进退两难。她说："经常都会见到网上有人捡到流浪动物又要急着找人养的消息，大部分是由于家庭条件不允许。这样只会令有心人与动物都不知如何是好，最后如果再放弃动物，那对于流浪动物来说就是再次被遗弃了。"

能持之以恒地救流浪动物，小瑜表示庆幸自己有一定经济能力，有支持自己的家人、谅解她的邻居。她说："有些学生放学看到街上有流浪猫，就带回家，结果家人反对下，只好抱着猫仔站在街上不知所措。所以在收养前要先想清楚，家中有没有这个环境，家人会否包容你，另外，有没有足够的空间、体能以及资源。"

由于"波天地"位于屋苑内，经常有小朋友蹲在外面看猫猫

25 "石屎森林"开出绿色之花

——专访"1930 dream corner"创办人陈俊明

每个人都有梦想，但能实践的又有几个？2014年，放下在公立学校的教职，环球300天的陈俊明回澳后，开设了一家小店，叫作"1930 dream corner"。他表示，追梦的路虽然难行，但要在现实与梦想间取得平衡，千万不能轻言放弃。

　　每个人都有梦想，但能实践的又有几个？

　　澳门，虽贵为赌收超越拉斯维加斯的城市，人均 GDP 冠绝亚洲，却有不少年轻人大叹追梦困难。

　　陈俊明，澳门环保学生联会会长、环保工作者。2014 年，他放下在公立学校的教职，环球 300 天。回澳后，他开设了一家小店，叫作"1930 dream corner"。他表示，追梦的路虽然难行，但要在现实与梦想间取得平衡，千万不能轻言放弃。

陈俊明创办"1930 dream corner"（图片由受访者提供）

合众之力打造梦想角

　　"我们相信地球村民应该与他人分享祝福与重担，来让我们的母亲地球存活下来。"门口的小黑板上用白色粉笔写下理念。

　　"1930 dream corner"就是实践这么一个梦想的地方。让我们来看看"1930 dream corner"是怎么把云端上的梦想拉到泥泞里的现实——这间叫"1930 dream corner"的小店，位处旅游区巷弄，1930 寓意重唤澳门

20 世纪 30 年代的生活价值观。那个年代，街坊出门会自备瓶子装油，用咸水草来购物，他们比当代人更懂得珍惜。店内的一面墙壁上，贴着一种特制的墙纸，墙纸由真实的 20 世纪 30 年代的旧报纸满版排列组成。原是车库的店面，用废弃物布置得别有一番风味。

"1930 dream corner"店内小招牌，像澳门特色街道牌（图片由受访者提供）

理科出身的陈俊明表示，美学上的事他不擅长，这些布置全赖他的朋友共同参与。利用废物作为材料，合众人之力组合的小小梦想角，从布置上就实践了他的理念。地方选址在旅游区附近，是为了便于接触各国游客，向世界推广澳门文化；巷弄之间，既能省租金，同时又可以绑定深度旅游的背包客。

为理念共同努力

陈俊明坦言，在澳门实践这一理想，其实并不容易，因为小城百物腾贵，营运成本非常高。他指成本主要包括租金、水电、人事费用、饮料食物等。

　　特别的地方是，"1930 dream corner"透过"共享经济"模式营运，由大家拿出有余的、闲置的资源，分享给大家，最终使各自付出更少，得到更多。原则上不收取使用者的任何费用，提供住宿、聚会空间及相关资源，如咖啡、点心、灯光、餐桌、椅子等。当有人借用空间举办活动时，1930会提供一些点心，大家在享用空间后，往往会自发性随缘捐赠。这里的日常运作，大多靠义工及兼职员工，有时住宿的背包客会帮忙打扫。营运至受访时，陈俊明指1930未曾聘请过全职员工。这些捐款、劳务、物资回馈，陈俊明表示，基本上皆不强制，由大家自发捐赠，陈俊明说："没有要求他们，我相信人性本善。而实际上，现在1930已经稳定，能收支平衡，自给自足。"

店内布置别具风味（图片由受访者提供）

经营的最大困难在于维持营运的人手。人员流动率高，甚至也试过出现随意请假缺勤的情况，对此，陈俊明不免失望，却绝不做太多勉强，"大家基于理念认同而一起努力"。他说令人欣慰的是，更多的人愿意留下来，使小店营运至今。

背包客的故事

对于素未谋面的背包客，陈俊明会预先在网络上与其沟通，双方达成共识，才安排住宿，并不是像一般的商业旅馆，客人愿意付钱就可以入住。而入住后，客人有时会帮忙打扫、顾店，或者跟大家分享几个有趣的外国故事，教大家煮异国美食等。"1930 dream corner" 就此聚集了许多故事。

常有不同国籍的旅客免费留宿（图片由受访者提供）

陈俊明分享说，曾有一个背包客不谙中英文，却远从俄罗斯只身赴澳半月，只靠软件翻译及身体语言，与其他人沟通。聚会时，他无法插话，却积极地微笑，更仔细地逐页翻看小店相簿，觉得一切饶富趣味。

游客细心翻阅店内的书籍（图片由受访者提供）

店内常举行各种手作坊（图片由受访者提供）

又有一次，店里的锁突然被换掉。原来是背包客半夜没带钥匙，临时找不到陈俊明，自己找来锁匠，换上新的门锁。可爱的是，背包客为此感到非常抱歉，还额外提供赔偿。

1930会举办不同的工作坊，内容基本上包罗万有，从平实的化妆到文青的旧电影欣赏，各种想到或想不到的活动都曾在此举办。陈俊明说唯一会拒绝的大原则是，不接受会造成污染的项目。

坚持逐梦无白费

经过一番努力，1930目前最大的成果是什么？陈俊明说，就是他当初的理念在年轻一代，在这个社区中散播开去，甚至附近已经有类似的小店出现。

回首这些年来的风雨，有喜有悲，有付出也有收获。若跟未来的自己说一句话，会说什么呢？陈俊明说："路难行，但要有同行者。"对想效仿他逐梦的年轻人，他则表示梦想难行，要在现实与梦想间取得平衡，像他自己，就曾经用正职的薪水，支撑这个梦想地的营运。

手写理念的小黑板（图片由受访者提供）

"如果要向最初的自己说一句话，会想说什么？"身为演说家，经常在台上演讲的陈俊明，却忽然安静了。半晌，只吐出三个字："无白费。"

原来，石屎（混凝土）森林般的豪华赌城，也养得起一个小小的梦想，一瓣绿色之花已悄然盛放。

26 咖啡师是这样炼成的

——专访澳门咖啡喜爱协会

随着近年来咖啡热潮席卷全球，本澳咖啡店在数年前遍地开花，令更多年轻人投身咖啡师行业，咖啡文化也日渐浓厚。澳门咖啡文化发展如何？咖啡文化的推广在这些年里遇到什么困难？澳门咖啡喜爱协会的刘玉珍（Helena）和冯淑敏（Maggie）向我们娓娓道来。

随着近年咖啡热潮席卷全球，本澳咖啡店在数年前遍地开花，令更多年轻人投身咖啡师行业，咖啡文化也日渐浓厚。澳门咖啡喜爱协会（MCLA，Macao Coffee Lover Association）从 2010 年成立至今，积极推广咖啡文化，致力发展一个专属澳门本土的咖啡文化交流圈。澳门咖啡文化发展如何？咖啡文化的推广在这些年里遇到什么困难？MCLA 会长刘玉珍（Helena）和副会长冯淑敏（Maggie）与我们分享了本地咖啡文化发展之路。

澳门咖啡喜爱协会会长 Helena（左）和副会长 Maggie（图片由受访者提供）

引入专业认证课程

对于外行人来说，咖啡豆就像是"外国人"，我们总是很难分辨出各地咖啡豆的根本性差异。但对专业咖啡师来说，每粒咖啡豆的特性、味道、气味、烘焙程度，他们都了如指掌。

Maggie 提到十年前要在澳门成为咖啡师没有特定的途径，因业内只有非正式的培训课程，想成为专业的咖啡师，便要自行到外地进修及考取证书。因此 MCLA 成立不久便引进具有百多年历史，并在世界多个国家具认受性的英国城市专业学会（City & Guilds）国际咖啡调配师课程，以及致力于培养全球精品咖啡人才的欧洲精品咖啡协会（SCAE）的国际性证书课程。

Helena 表示："一开始，我们引入属于技术类型的培训课程，例如有一百多年历史、专门针对培训咖啡师而设的 City & Guilds 课程，除了教授咖啡的基本知识，也讲求操作性。发展至今，开始看到澳门人对于品鉴类课程的需求也渐渐增加，他们不一定要懂得自己动手冲咖啡，反而更想通过课程了解咖啡的基本风味、水感、余韵、平衡等等，因此品鉴类课程在近年来需求提升。"

校园推广咖啡文化

每年在澳门能取得 City & Guilds 国际咖啡调配师课程的人数达 80 人左右。2014 年，MCLA 开始把咖啡文化课程推广入校，Helena 回忆当时的推广过程困难重重。

MCLA 成立至今，积极推广咖啡文化
（图片由受访者提供）

她说："学咖啡的过程当然要饮咖啡，但在传统华人社会里，普遍认为学生不应该接触咖啡和酒，让学生饮咖啡好像是坏习惯，甚至有人问，饮了咖啡会否令人失眠呢？所以初期要在校园推广咖啡文化有一定困难。但随着一些学校更愿意投放资源发展学生课外兴趣班，我们在 2014 年终成功入校。MCLA 亦 计 划 引 入 英 国 TQUK

（Training Qualifications UK）课程，如高中生完成课程文凭，便有资格到外国升读与餐饮相关的学系，对于学生的前途发展也有帮助。"

早年咖啡课程进驻澳门城市大学，学生在开放日中开设摊位，
不少同学仔都对咖啡文化感兴趣（图片由受访者提供）

据 Helena 介绍，咖啡文化在香港校园推广得十分热烈，例如学校会有自己的咖啡队，每年学校会举办"咖啡日"，这都是值得澳门借鉴的。

让咖啡师走上国际舞台

成立以来，MCLA 由最初开办英国 City & Guilds 国际咖啡调配师证书课程（International Award in Barista Skills）、虹吸式咖啡评审课程、咖啡品鉴课程及精品咖啡入门等证书课程，到逐步开办精品咖啡杯测工作坊、拉花工作坊、3D 立体画花工作坊等，令更多咖啡爱好者从不同的面向接触和了解咖啡文化。

Helena 分析这些年来的参与受众变化："一开始我们专注于专业咖啡师的培训课程，报读者多是对咖啡文化有浓厚兴趣的爱好者，之后随着澳门开 Cafe 的人越来越多，也就多了一些有意开 Cafe 的年轻老板来学习。到现在，随着不同面向的咖啡工作坊开设，参加的受众也开始多元化。我们在开办国际证书课程时，也需要陆续开办不同的工作坊来满足其他受众，证明澳门的咖啡文化开始在不同年龄层和人群中扩散，对整个发展趋势来说是正面的。"

自成立起，MCLA 共培训了多位达国际水平的专业咖啡导师，导师们均取得受国际认可的教育执照。此外，MCLA 也开始举办不同类型的咖啡讲座和比赛。2015 年，MCLA 取得举办"WSC 世界虹吸式咖啡师大赛"澳门区的正式授权，并于 2016 年举办第一届"世界虹吸式咖啡师大赛澳门区资格赛"，赛事冠军可代表澳门参与世界赛，与中国香港、日本、韩国等地选手争夺世界冠军，让"澳门"这名字登上国际舞台。

澳门咖啡师参加"世界虹吸式咖啡师大赛"（图片由受访者提供）

因对咖啡的喜爱，Maggie 与 Helena 成立了"澳门咖啡喜爱协会"，这些年里，澳门的咖啡师逐渐走上国际舞台。而充满希望的未来，正悄悄地到来……

国际评审来澳参与"世界虹吸式咖啡师大赛
澳门区资格赛",进行评审工作
（图片由受访者提供）

Helena 说，澳门咖啡师的国际排名并不低，
但仍与前三甲无缘。这是由于本地举办的
赛事较少，参赛者未得到足够实战经验
（图片由受访者提供）

"世界虹吸式咖啡师大赛"参赛者合照（图片由受访者提供）

27 澳门会展业跻身世界百强

——专访会议展览业协会理事长何海明

特区政府公布的《澳门特别行政区五年发展规划（2016~2020 年）》中指出，政府将以"会议为先"为发展方向，加快培育会展业的产业链。澳门会议展览业协会理事长何海明认为，除争取参与国际会议竞投，吸引不同类型高质素的国际会议落户澳门外，澳门亦需继续打造具品牌特色的专业展览和稳固优质的展销会，三头并进。

特区政府公布的《澳门特别行政区五年发展规划（2016~2020 年）》
（以下简称《五年发展规划》）中指出，政府将以"会议为先"为发展方向，
加快培育会展业的产业链。澳门会议展览业协会理事长何海明表示，澳
门适合"精准扶持会议为先"的发展策略，近年来澳门在国际会议协会
（ICCA）的排名不俗，2015 年有 28 项国际会议获 ICCA 认可，在全球
城市排名 93 位，已跻身百强之列。相信在政府持续扶助会议活动之下，
业界有信心到 2020 年能上升至亚太城市前十名。

何海明认为，除争取参与国际会议竞投，吸引不同类型高质素的国际
会议落户澳门外，澳门亦需继续打造具品牌特色的专业展览和稳固优质的展
销会，三头并进。

澳门会议展览业协会理事长何海明

会展业发展三头并进

澳门会展业的发展，近年来获两大国际会展业机构——国际会议协会
（ICCA）及全球展览业协会（UFI）给予肯定。何海明表示："ICCA 发布调

查报告显示，澳门是 2014 年亚洲表现最佳的展览市场，成绩获得国际业界认可。此外，在会议方面的成绩亦相当突出，且每年都有进步，2012 年本澳在亚太区城市名列 59 位，2013 年攀升至 34 位，2014 年名列 20 位，2015 虽微跌一位，排在 21 位，但在全球城市排名 93 位，是首次跻身百强之列，说明澳门以'会议行先'的发展方向策略是正确的。"

　　他又指出，业界曾做过有关澳门举办的地区及国际性会议比例调查，发现过往在本澳举办的会议多数来自大中华地区，2016 年地区及国际性会议约占一半，由数量转向质量上的提升，显示出本地会展业呈现国际化、专业化、精品化的发展。他鼓励业界多参与国际会议竞投，吸引不同类型高质素的国际会议落户澳门，带动其他行业的经济效益。

MIF 是获全球展览业协会（UFI）认可的展会（图片由受访者提供）

　　此外，《五年发展规划》中指出，"近年澳门会展数目、规模、层次不断提升。2007 年会展筹办业的总收益只有 1000 万澳门元，2014 年则有 2.76 亿澳门元；会展活动由 2002 年的 266 项，增加至 2015 年的 909 项，行业正呈现较快速的增长势头"。对此，何海明表示，"2016 年澳门有六个获 UFI 认可的本地展览品牌，包括澳门国际贸易投资展览会（MIF）、游艇展等，相信在《五年发展规划》的推动下，有信心增至十个。当务之急是要继续打造具品牌特色的专业展览，提升会展的质量，充分利用及发挥好自身独特优势，如展览场地、酒店配套设施等，同时亦要不断改善宣传、营运的不足，更要思考如何才能有效发挥会展平台作用"。

澳门会展业面对的竞争日渐激烈，令展销会出现汰弱留强的局面，何海明指出："展销会的减少，一是政策因素，二是市场因素，但在打造稳固优质的展销会方面，本澳仍需继续努力，透过举办不同专业题材的展销会，吸引更多参展商、买家、专业观众来澳参与，增加商业洽谈。"

办好会展业，有助向外宣传澳门（图片由受访者提供）

办好展览宣传澳门

适逢由会议展览业协会主办的"活力澳门推广周 · 福建厦门"在访问前顺利举行，何海明表示，为期四日的展会共吸引逾八万人次入场，共签订十多项合作协议，成效理想。下届有意配合政府打造"美食之都"，向外宣传本澳特色美食；同时会着力推动中小企参展实效，助企业拓内地市场。

他指出活动有五大亮点：一是主宾区与投洽会互动密切，融入投洽会活动发挥协同效应。二是协助中小企走出去，开拓内地市场，参展的澳门中小企销售额理想，也受到内地观众欢迎。三是推动青创企业寻求新突破，其

办好会展业，有助向外宣传澳门（图片由受访者提供）

中有青企在江门站和腾讯达成合作意向。四是务实办展，除论坛、推介会、商业配对等项目，还特设三条路线，分别考察制造业基地，学习当地如何升级转型；参观国家海洋局第三研究所，学习利用技术将生物资源转化成高附加值产品；到访厦门两岸青创基地，藉交流分享创业经验。五是推动及促进博彩与非博彩协同发展，以及推广在澳举行的中葡论坛，确立"一个中心、一个平台"发展方向。

由会议展览业协会主办的"活力澳门推广周"，协助澳门中小企开拓内地市场
（图片由受访者提供）

至于未来举办的地点及计划，何海明表示会因应举办的地方，制造不同的亮点，例如着力将本澳"美食之都"的特色美食、文创、科技、金融、中医药等元素融入展会，做好事前的精心部署，事后的安排跟进，冀继续取得好成绩。

"活力澳门推广周"推动青创企业寻求新突破（图片由受访者提供）

会展业需多元化人才

现在不少本澳高等院校都有开设会展专业课程，坊间每年亦培训了不少会展专业人才，毕业后也能找到相关工作。但何海明认为，澳门会展业目前缺乏中高端的会展人才，尤其本澳会展业发展渐趋国际化，需要更多元化的人才配合，才能把会议或展览办好。因此，他希望政府在培育本地人才的同时，亦能放宽引入外地会展人才来澳工作的条件，让本澳会展越做越好，增强区域竞争力。

28 澳门会展业人才济济

——专访展贸协会会长林中贤

由全球展览业协会（UFI）与国际展览及活动协会（IAEE）共同推动，由澳门展贸协会、澳门会议展览业协会、广告商会及会展产业联合商会共同举办的"2017全球展览日"，活动其中一个重点是关注本地会展业人才的培训工作。展贸协会会长林中贤表示，会展业能日益壮大，与政府、业界多年来重视人才发展不无关系。

　　由全球展览业协会（UFI）与国际展览及活动协会（IAEE）共同推动，由澳门展贸协会、澳门会议展览业协会、广告商会及会展产业联合商会共同举办的"2017 全球展览日"于 2017 年 6 月举行。活动其中一个重点是关注本地会展业人才的培训工作。

　　展贸协会会长林中贤表示，在特区政府支持下，业界近年积极与国际会展权威组织合作，例如引入 CEM 注册会展经理培训课程、UFI/EMD 高级会展管理国际认证课程。截至 2017 年，本澳已培养出 201 名 CEM 会展注册经理及 63 名 UFI/EMD 高级管理人员，成为澳门会展业获国际业界认可的重要指标。会展业能日益壮大，与政府、业界多年来重视人才发展不无关系。他呼吁业界应自强不息，积极寻求机会举办具国际规模的会展活动，以及把澳门打造成为区域会展培训中心。

林中贤在"2017 全球展览日"发表讲话（图片由受访者提供）

与学校合作培育生力军

　　展贸协会自 2001 年成立以来，一直致力推动会展人才教育与培训工作。谈到协会培育会展人才的背景，林中贤表示回归后看到澳门有条件发展会展业，只是当时欠缺场地和人才，后来得知威尼斯人会议展览中心将落成，未来急需大量人手以满足行业需求，因此展开人才培育工作刻不容缓。

展贸协会成立后，曾多次组织会员到访中国的香港、广州、上海、北京、台湾及新加坡，与当地会展业代表会晤和交流，汲取经验之余，亦招揽他们来澳门当导师。2003 年，协会向各大学院校引荐导师，开办与会展业相关的兴趣班，后来更成为正式课程，吸引不少有志投身行业的年轻人报读。

展贸协会曾举办"澳门会展大使"培训计划，为学生提供实习机会（图片由受访者提供）

林中贤坦言，会展业被大专院校纳入本科生正式课程，意义重大。"澳门会展业虽比香港起步迟，不过由于得到大专院校支持，我们在 2004 年便拥有第一批修读旅游会展专业的本科生。这些学生毕业后，即遇到威尼斯人会展中心落成的机遇，从而入行成为会展人。"

高端人才引领行业发展

除了与学校合作，培养会展业生力军外，展贸协会亦重视高级管理人员的培训工作。2005 年，展贸协会派代表赴北京报读 CEM 注册会展经理培训课程，林中贤介绍："该课程由中国国际贸易促进委员会（CCPIT）和国际展览及活动协会（IAEE）合办，当时只给予澳门人 1 个学位，后来才增至 7 个。值得一提的是，至 2017 年，中国 CEM 注册经理人数超过 900 名，而澳门 CEM 毕业生已超过 200 名，成为全国产出 CEM 毕业生最多的城市。"

此外，展贸协会与 UFI 达成合作共识，将过去只在欧洲或个别亚洲国家开设的 UFI/EMD 高级会展管理国际认证课程引入澳门，至 2017 年已举办至第四届，共培养出 63 名 UFI/EMD 高级管理人员。

澳门 CEM 毕业生已超过 200 名（图片由受访者提供）

林中贤表示："近年会展业发展势头劲，无论是会议或展览，在质量和数量上都得到提升，与这些学有所成的高级管理人员大有关系。举个例子，大型展览需要不同国家和地区的参展商和观众参与，除了主办单位发出邀请外，由于这些高级管理人员报读 CEM、UFI/EMD 时已和其他国家同学建立人际关系，他们能帮忙宣传会议或展览外，也可邀请外国同学来澳门做商业配对工作，令展览办得更好。"他又指出，现时 CEM 和 UFI/EMD 均可在澳门报读和上课，毕业生越来越多，政府在资助学费方面也功不可没。

报读 UFI/EMD 高级会展管理国际认证课程的人数不断增加（图片由受访者提供）

搭建展台人员工多艺熟

基层培训方面，展贸协会与澳门理工学院及劳工事务局合办"会展展台设计课程"及"会展展台搭建入门课程"，提升会展后勤力量。其中"展台搭建入门课程"在 2017 年已举办至第九期，近 400 位学员通过考核，取得毕业证书。

林中贤表示："2016 年第 21 届澳门国际贸易投资展览会（MIF），我们投入超过 600 名工人搭建展台，相对于第 12 届时少了近一半人，要搭建的面积更大。据我所知，逾 600 名工人中，有不少是'展台搭建课程'的毕业生。原来他们一直留在这行发展，工多艺熟，所以搭建速度快，令展览顺利举行。"

提到会展业黑工问题时有发生，林中贤表示澳门各行业都存在人力资源不足的问题，一些不负责任的雇主为了利润聘用来自香港或内地的黑工，业界对此感到担心。他呼吁雇主不要只着眼于利润，应保障本地工人就业，亦建议政府加强巡查。

现时本地多所大专院校及职业学院均设有会展专业及职前培训课程，不过学生毕业后投入会展业比例不高。林中贤认为，会展业富挑战性，业界和学校在培育人才方面必须要加强实践教学，例如多组织学生参与实习工作，拓展他们的专业视野，才能培育动手能力强的应用型人才。

展贸协会与劳工局合办"展台搭建入门课程"
（图片由受访者提供）

会展业富挑战性，业界和学校要加强人才培
训工作（图片由受访者提供）

29 来到机场，你也要"Follow Me"

——专访机场营运员小萧

你会否跟我一样好奇：可连接到世界 42 个目的地、每年处理超过 600 万名乘客、逾 5.5 万架次航班升降，但面积不大的澳门国际机场里，那个不准停留，24 小时运转却秩序井然的机场管制区到底是怎样地方呢？就让我们一起来窥探一下这个神秘禁区里的日常工作。

你会否跟我一样好奇：可连接到世界 42 个目的地，每年处理超过 600 万名乘客、逾 5.5 万架次航班升降，但面积不大的澳门国际机场里，那个不准停留，24 小时运转却秩序井然的机场管制区到底是怎样地方呢？就让我们一起来窥探一下这个神秘禁区里的日常工作。

从禁区角度看到的澳门国际机场（图片由受访者提供）

开枪赶走天上飞鸟

澳门国际机场的禁区内，无论人、车、飞机都不准随意走动、行驶，不论是工程车、消防车、救护车、警车，更不论你是平民、大明星、政要领导、国家主席、各国总统，在这里都要跟住 "Follow Me"（"跟随我"）。

小萧自毕业起便从事机场营运员工作，"Follow Me" 这个职位就是机场营运员其中一个轮值的岗位，主要负责 "泊飞机"，拿着 "指挥棒" 引导飞机泊位，24 小时内须开着引导车巡跑道四次，检查跑道上的每一盏灯，确保飞机升降航行安全无障碍。小萧笑言日常工作是 "开车、开枪、泊飞机"。有时白天需要开枪赶走天上的飞鸟，特别是春季、夏季，季候鸟总爱不请自来，所以开枪机会亦多，有时更需要清走跑道上不幸被飞机撞死的鸟儿尸体。

泊飞机也要跟住拿指挥棒的小萧
（图片由受访者提供）

开枪并不是为了杀生，而是赶雀仔！
（图片由受访者提供）

协调机场大小事

当然，不请自来的除了小鸟，更有人类！说起特别难忘的经历，小萧说有一次机场有偷渡客游上岸自首，声称人蛇抛下他们跑了，让他们自己游上岸，所以警方需要在机场一带搜索其余躲起来的偷渡客。虽然事件十万火急，但警车并不可以在禁区中说走就走，走的路线需要机场营运员的安排，整晚都需要由他们开的引导车引路。

在控制塔下面的机场营运协调中心当值时，机场营运员会接收到所有机场大小事务的讯息，进行协调工作。当所有人都要 Follow "Follow Me" 的时候，代表 "Follow me" 要对机场的一切都了如指掌。任何一架飞机要在何时起飞，又在何时降落，泊在哪里，工程车要走哪条路线，引导车是否准备好，时间够不够，接驳车又要走哪边……在这个 24 小时不间断的协调下，才能确保来自世界各地的飞机安全着陆，在协调中心的协调工作就更必须打醒十二分精神。

"Follow me"的引导车（图片由受访者提供）

所有的工作内容、可能发生的状况都有一套严谨的程序，作为确保飞航安全的重要岗位，"Follow me"要经过五个月培训，考过 22 科笔试，实习两至三个月，再通过实际操作考核才得以录取。

拿着"指挥棒"接机

小萧好不容易通过考核，工作听起来很有趣，但似乎一点都不轻松。日晒雨淋、冬凉夏暖，冬天里停机坪的风吹得人头痛，夏天的停机坪更无地方躲避太阳的毒辣。作为一个爱美的女生当然会怕晒黑，小萧笑言："唯有

夏天在机场禁区工作，是真正的"冇遮冇掩"，非常酷热（图片由受访者提供）

自己做足防晒防寒准备，因为做自己喜欢的工作好像什么都值得。"但有时遇上过云雨，就算有雨衣都来不及穿上就要去接即将降落的飞机，"别人都以为我是去做苦工呢！"

那么，是什么让小萧想做这份工作呢？她说："当初看到有女生拿着'指挥棒'接飞机觉得好型（帅）！"四处打听下得知有这份工作后，小萧几经辛苦终于得到梦想的职业。现在的她每天都很忙很充实，可以做自己想做的事情，那种快乐，总是抵过别人眼中的辛苦。其实梦想可以源自一个好简单的理由：好型！而当你真的做到了，简直型爆！

30 "澳门小黑哥" 的音乐路

——专访歌手 Ari Calangi

因参加内地选秀节目《中国新歌声》而知名度大增的"澳门小黑哥"Ari Calangi（阿瑞），在节目完结后，仍然坚持他的音乐路。弹得、唱得兼作得的阿瑞，曾为台湾歌手 A-Lin 创作歌曲《太太太耐斯》，展示自己的作曲天赋。到底"小黑哥"的音乐成长之路是怎样的呢？

因参加内地选秀节目《中国新歌声》而知名度大增的"澳门小黑哥"Ari Calangi（阿瑞），在节目完结后，仍然坚持他的音乐路。弹得、唱得兼作得的阿瑞，曾为台湾歌手 A-Lin 创作歌曲《太太太耐斯》，展示自己的作曲天赋。到底"小黑哥"的音乐成长之路是怎样的呢？

阿瑞拥有西班牙、菲律宾和印度尼西亚血统，却是土生土长的澳门人

坚持认真玩音乐

一身黝黑的皮肤，轮廓分明，拥有西班牙、菲律宾和印度尼西亚三国血统的阿瑞，样子当然长得一点都不像澳门人，令人意想不到的是，他竟是土生土长的澳门人。

阿瑞的母亲是一名 DJ，也是一名 Keyboard（键盘手）。自小在母亲的影响下耳濡目染，阿瑞对音乐产生浓厚兴趣，常常会拿家里的 CD 来听，学习创作歌曲。阿瑞 9 岁开始玩吉他，10 岁学打鼓，12 岁学弹琴，接受正式音乐理论及古典乐理论教育，16 岁开始学唱歌。中学时期的阿瑞，虽然读书的成绩并不出众，但对音乐十分有热诚，学校的神父邀请阿瑞在弥撒时表演，他爽快答应，并在演出当日背了一整套鼓回学校表演。神父看到阿瑞对音乐的热爱，也常常给予他演出机会。而阿瑞这份对音乐的热诚与坚持，一直延续到现在。

醉心音乐的阿瑞，在一次偶然的机会下被资深音乐人恭硕良提携，开始成为香港歌手演唱会的幕后班底。他曾与方大同、谢安琪、杜德伟和薛凯琪等香港歌手合作，担任其演唱会的吉他手或鼓手。

醉心音乐的阿瑞，获资深音乐人恭硕良的赏识（图片由受访者提供）

学普通话唱出感觉

阿瑞虽然是土生土长的澳门人，但他的广东话并不是很好，更不用说普通话了。阿瑞说："其实在《中国新歌声》的第一次试音时，我的表现很差。因为我完全听不懂导演们在说什么，只好不好意思地要求他们重复说了几次，试着慢慢听，但还是有百分之九十的内容都听不懂，最后他们只好用英文和我沟通。"

导演们建议阿瑞把普通话学好，因为他唱的是国语歌，所以必须了解歌词的意思才能唱出感觉来。自试音后，阿瑞的确很努力地学习普通话，他把所有会说普通话的朋友都加到微信，主动与朋友们聊天，每天都在问朋友们在做什么，然后把每个朋友们回复的语音信息，重复听很多次，试着听明白他们在说什么。

由于想学普通话，阿瑞与其他参赛者不断用微信，闯过语言关

试完音的一个星期后，阿瑞从上海回到澳门，继续自己的工作，但仍然努力学普通话。在一个月内，阿瑞的普通话进步神速，其间他把自己其他的作品发给节目组的导演们。终于在一个月后，节目组的导演重新把阿瑞召回上海，准备出场，之后大家才有机会看到阿瑞的精彩演出。他的努力也得到了很好的成绩，被导师评定为组别前十名的歌手，而阿瑞在选秀节目中的一个片段，在 YouTube 累积了逾 28 万的点击率。

在选秀节目中，阿瑞曾经试过将同一首歌编曲七次，展示七种不同的音乐风格，这是他比其他选手优胜的地方。参加《中国新歌声》，也让阿瑞打开了内地市场，他擅长作曲编曲，令他得到与不同歌手合作的机会。

参加内地选秀节目《中国新歌声》，令阿瑞知名度大增（图片由受访者提供）

为理想勇往直前

阿瑞目前主力创作音乐，为不同的歌手作曲和编曲。提及如何创作 A-Lin 的歌曲《太太太耐斯》，阿瑞表示，他会在 YouTube 上看 A-Lin 的演唱会片段，听她所有的歌曲，看 A-Lin 还欠缺哪种音乐风格的歌曲。他观察到 A-Lin 欠缺一首能让观众在演唱会上一起拍手的歌。于是，他按着这思路，开始想节拍，再慢慢把音乐弹出来，结果真的被唱片公司选上。

多才多艺的阿瑞，在 2015 年与八位来自中国内地、中国香港、菲律宾、葡萄牙和中国澳门的出色乐手组成"Wat De Funk"，他担任乐队主音。乐队名字的读音与英文脏话很像，曾有人建议阿瑞不要用玩味这么重的名字，但阿瑞没理会，他说想用好玩的方式做着最认真的事。

阿瑞为乐队创作了不少歌曲，并都自己谱上了歌词。这些创作都是来自阿瑞的所见所闻及个人感受，他表示想透过音乐打破一些人对某些事情的刻板印象：就如他其中一首探讨种族歧视的歌曲。阿瑞在餐厅消费时曾因为外表而被当作侍应；在快餐店别人以为他听不懂广东话，嘲笑他的发型，阿

Wat De Funk 在香港演出（图片由受访者提供）

瑞把这些故事都变成了创作，用音乐发声。

　　一身黝黑的皮肤下，藏着的是这样一个调皮的阿瑞，他贪玩、认真，勇往直前地做自己喜欢的事。

阿瑞每次站上舞台，都会倾力演出（图片由受访者提供）

31 "咪高峰"都因他动容

——专访伤健歌手 Romeu

"上帝为你关了一扇门，必定会再为你打开另一扇窗"，这句话很适用在本澳歌手 Romeu（施朗明）身上，他虽因疾病先天失去了双臂，却被上天赐予了一副好歌喉。在音乐路上，Romeu 坚持追梦和做出成绩，从组成自己的乐队直到成为全职歌手，Romeu 一步一脚印走着。

　　有句谚语说"上帝为你关了一扇门，必定会再为你打开另一扇窗"，这句话很适用在本澳歌手 Romeu（施朗明）身上，他虽因疾病先天失去了双臂，却被上天赐予了一副好歌喉。

　　Romeu 自幼喜欢唱歌，本来是伤残游泳队运动员的他，毅然放弃游泳，也同时放弃了可能获得 2008 年北京奥运会的参赛资格，转投音乐怀抱。在机缘巧合下，被香港著名歌手陈奕迅在网上听到了他翻唱的《无人之境》，受邀踏上万人舞台和偶像合唱。如今 Romeu 已成为全职歌手，决心踏上音乐之路，实现梦想。

Romeu 因疾病先天失去了双臂，却被上天赐予了一副好歌喉

踏上命中注定的音乐路

　　Romeu 是一位葡萄牙、印度尼西亚混血的澳门人，原来他的音乐细胞是基因命定的。妈妈曾告诉长大后的 Romeu，他小时候喜欢一边听着 Michael Jackson 的歌，一边学 Moonwalk。但 Romeu 小时候绕远了一些路，并没有从小学习唱歌，而是去了游泳。因为妈妈看见 Romeu 喜欢

玩水，便让他报了暑假活动游泳班，其后他加入了伤残会游泳队。从七八岁学到 15 岁，一学就学了八年，每星期三天，每晚平均要进行游 3000 多米的训练，他甚至有机会获得 2008 年北京残奥会的比赛资格，但在那时，Romeu 竟选择了放弃游泳，全心投入音乐。

Romeu 选择以唱歌为职业，享受在台上表演的每一刻（图片由受访者提供）

Romeu 说："放弃那一刻觉得自己有点任性，但老实说如果音乐和游泳来对比，我还是会选择音乐。我想选择自己喜欢做的事，就像现在当歌手一样。当时，如果没有那个邀请我'夹 Band'（组乐队）的朋友，我可能就不会玩音乐，觉得这是跟音乐的一种缘分。"

在音乐路上，Romeu 坚持追梦和做出成绩，让家人从反对到全力支持："一开始请假不去游泳，家人是非常反对的，因为觉得 Band 仔是逃学流连街上的坏小孩。后来，我邀请他们来看我表演和比赛，让他们看到我的努力，到后来有歌曲获奖。他们都会鼓励我继续走这条路，音乐路上得到家人的支持很重要。"

一步步靠近的梦想

从组成自己的乐队直到成为全职歌手，Romeu 是一步一脚印地走着："一开始跟类似教青局的机构合作，他们会提供各种活动表演机会，其后我参加比赛汲取经验。首次在澳门比赛，之后想踏出多一步去香港参加环球唱片办的比赛，虽然只入了准决赛，无缘决赛，但那时才见识到什么是专业歌手，回家后开始钻研歌艺，让自己变得更好。后来 Romeu 认识了更多音乐人，他的第一首歌是和微辣合作的微电影主题曲《甜蜜再遇》。到了 2014 年，Romeu 和朋友 Fabio Ari Calangi 共同创作歌曲《Bao Bei》，Romeu 说喜欢 R&B 和律动感强烈的歌曲，这首歌更获得了澳门至爱新听力颁奖礼的"至爱歌曲"、"最佳新声"和"最佳作曲"三项大奖。在 2017 年时，他签约了歌手施连奴与冯惠雅共同创办的经纪娱乐公司 L. A. L. Entertainment，正式开始了职业歌手的生涯。早前，Romeu 更到内地参加《麦王争霸》选秀节目，并顺利入围，更和导师李达成合唱。他说虽然后来被淘汰了，但也获益良多："当时张敬轩和李达成想选我，最后李达成选了我。在唱完歌访问时发现自己的经历和前辈李达成差不多，曾想放弃唱歌，但得到了欣赏他的人叫他不要放弃，还认识了张敬轩、陈洛基等，和他们交流觉得很满足，汲取了不少演出经验。"

一直参加不同地方的比赛，汲取经验
（图片由受访者提供）

摆脱歧视目光

这世界，有人喜欢就会有人不喜欢，失去双臂的 Romeu 比别人承受更多外来压力："你总会遇到瞧不起你的人，尤其是你身体有缺憾。我明白他们也要承受其他人的目光，但其实大家熟了都知道，这也不是什么丑陋的事，真正的朋友会觉得我是一个平常人而不是有缺憾的人。我觉得不要带着歧视的目光看有缺陷的人，也请相信，他们的意志一定会比歧视别人的更强。"

Romeu 说自从夹 Band 后，才认识了更多志同道合的朋友。他忆起以前人缘不好的日子，有次被朋友丢下："那次我印象深刻，本来跟那朋友约了在旅游塔跨年倒数，他临时说要回内地不能来。于是我自己一个去倒数，却遇见了他和另一堆朋友在一起。他看见我便转头走了，后来在学校遇见，我主动打招呼，他都直行直过。那一次我觉得很心痛，因为我会情愿你直说，让我有心理准备，而骗我才让我觉得最难受。后来长大了，我知道朋友未必每一个都是和你交心的，如果那些朋友不珍惜我，我也不会放太多想法在他们身上，我会更加珍惜支持我、和我共患难的真心朋友。"

2014 年，Romeu 和朋友 Fabio Ari Calangi 共同创作的歌曲《Bao Bei》，获得了澳门至爱新听力颁奖礼三个奖项（图片由受访者提供）

与陈奕迅的梦幻合唱

　　Romeu 曾与香港著名歌手陈奕迅在演唱会上合唱《无人之境》，对 Romeu 来说，那是一场想一直做下去的梦。

因在网上翻唱《无人之境》，结果获陈奕迅邀请在演唱会一齐合唱（图片由受访者提供）

Romeu 觉得能和 Eason 合唱，是一件很梦幻的事（图片由受访者提供）

　　2012 年时，Romeu 收到朋友讯息说香港有监制想找他，原来是陈奕迅（Eason）看到他在网上翻唱《无人之境》，想邀请他做演唱会的表演嘉宾。Romeu 惊呆地说："那是不是一场梦？到了彩排当天，我还是头一次近距离听 Eason 唱歌，当 Eason 喊我名字上台时，觉得这比做美梦还要棒。

我戴着耳机坐在台边，听着他在我面前唱歌，觉得这次经历很难得。到了表演当天，其实也没有害怕的感觉，反而就像 Eason 和我说的'不用太在意，你有什么感觉直接唱出来吧！'，那一个场景我会想着，如果那一刻我没翻唱《无人之境》，我怎么可能跟偶像合唱，能在自己的地方、一万多人的舞台上让别人听到我的声音，这一刻真的难以言传地奇妙。我会觉得如果那天永远是明天，可以一直重来就好了。"

用心唱出梦想

Romeu 说听过最感动的话，是在 2016 年做了 13 场校园演讲分享经历，那时有位同学拿着"咪"（咪即粤语咪高峰，意指麦克风）和他说："你不要觉得没了双手就和别人不同，做这一行靠把口就能唱歌，你能唱一首好歌我们就会喜欢，不是要你四肢健全，靓仔靓女。""那一刻我热泪盈眶觉得很感动。我一直都很希望别人是透过我的歌曲而认识并喜欢我，而不是因为那个'失去双臂'的标签。"《小王子》里的狐狸曾说："真正重要的东西，用眼睛是看不见的。"我们都一样，在等待着珍视自己如玫瑰的知音人。

2016 年，Romeu 做了 13 场校园演讲，分享人生经历，用正能量感染同学活出自我
（图片由受访者提供）

　　Romeu 说梦想不需计算太多："我不觉得人生不可以用自己的兴趣来当成事业，就像踢足球、打篮球，或是唱歌……我觉得只要有信念和坚持，就可以把喜欢的事当成事业发展。我不想每日做着一件不喜欢的事，打死一份工到最后都可能只得到金钱。但当作自己喜欢的事，你设立了目标，学到的东西都是自己的；也可以设一个时间给自己，或者到 35 岁时未达到目标才向现实低头吧。但我一直都叮咛自己，不要被现实给打败，我要继续唱歌，不要让自己后悔。"

Romeu 担任中华民族团结促进会交流大使，并接受电视台访问（图片由受访者提供）

32 血液里流淌古典音乐魂

——专访钢琴协会理事长陈伟民

澳门钢琴协会理事长陈伟民（Raymond）对古典音乐，好像命中注定一样，遇上了，就再也无法离开了。他从中学开始遇上钢琴，从一开始抗拒再慢慢变为喜欢，到后来变成了爱，他形容音乐是他的血液，他就在不断弹奏之中找到了自己人生方向。

音乐，在五线谱上、在黑白琴键上、在弦上，也落在心上。澳门钢琴协会理事长陈伟民（Raymond）对古典音乐，好像命中注定一样，遇上了，就再也无法离开了。他从中学开始遇上钢琴，从一开始抗拒再慢慢变为喜欢，到后来变成了爱，他形容音乐是他的血液，是供养灵魂的养分，他就在不断弹奏之中找到了自己的人生方向。如今，他是钢琴演奏者、钢琴老师、合唱团导师，更经常担任比赛评审。投身教育事业的他，希望能用轻松有趣的教学方式，让更多年轻人能踏上音乐之路。

Raymond 从中学开始遇上钢琴，一开始从抗拒慢慢变为喜欢，到后来变成了爱
（图片由受访者提供）

命中注定的音乐路

一般小朋友可能三岁就开始学钢琴，可是 Raymond 却是在小六的时候才和钢琴相遇。那时因为妈妈要工作，无暇照顾小朋友，于是便带 Raymond 到教会，正好教会需要有人弹诗琴，于是便让 Raymond 去学钢琴。Raymond 说一开始也有所抗拒："那时候年纪小，当然会抗拒，会

想要和朋友打球，想要去玩，但是后来我知道这并不是我一个人的事，而是背负着教会、妈妈的期望，我不想辜负他们，所以努力学，后来却被音乐的魅力深深吸引，变得自发地去磨炼学习。"因为家里没能力负担买钢琴的钱，Raymond 曾经有一段日子的中午放学后，匆匆吃完饭再借学校的音乐室练习。后来有一天，妈妈买了钢琴回家。原来，妈妈在下班后兼职清洁工作，辛辛苦苦存了 9000 多元买了一台钢琴给 Raymond，令 Raymond 深深感受到妈妈对自己的期望和爱。

遇上钢琴后，Raymond 幸运地得到很多贵人扶持。中学二年级时，他被引荐到广州星海音乐学院跟老师学习，每个星期六早上他便自己坐车到广州练琴。Raymond 觉得这段时间对他的音乐路改变最大："那时上午在老师那里学琴后，我便会坐车到天河书城买音乐书，买古典音乐唱片，我觉得那时的自己像一块海绵，不断吸取知识。如果说在澳门时学琴是起步，那么在广州的时光便是激发起我想潜心苦练的时期，我从喜欢变成爱上。现在音乐像是空气、血液一样，我时时刻刻都会需要它。"

Raymond 觉得音乐像是空气、血液一样，时时刻刻都会需要它（图片由受访者提供）

跳出传统教育框架

高中毕业后，Raymond 选择入读澳门理工学院音乐教育系。因为上课时间是晚上，于是 Raymond 在朋友介绍之下，自大一便当起了全职音乐老师，投身教育事业。现在的 Raymond，是钢琴老师，是音乐老师，也是歌咏队的导师。学生无数的 Raymond 教学风格风趣幽默："我的方式有别于传统的严厉管教，我不提倡将小朋友过于格式化。很多家长都会觉得小朋友要三岁学钢琴，学很多才艺等等，可是像我也是小六才接触钢琴，我觉得重要的是如何在学习的过程中找到乐趣，你才能坚持去练习，所以我会引导学生自主学习，也会和他们像朋友一样相处，下课后闲话家常了解他们的生活和想法。我认为师资的培训很重要，可能现在有很多老师仍然用旧有的一套去教学生，但其实外国无论是教材、练习方法等都可能已有所不同了，会以更科学的方法教学，以更有趣的方法引起学生练习的兴趣。曾经有一位学生很喜欢钢琴，可是一直都学不好，他来了我这里上课以后，我能点出他

现为老师的 Raymond 认为教育方式尤其重要

的优缺点再加以改善，后来他还到了美国读音乐硕士，所以我认为教育方式尤为重要。"曾被发掘才华的 Raymond，也同样地用心发掘和悉心雕琢下一块瑰宝。

古典音乐不是离地的

难道古典音乐就一定是催眠曲吗？可能对于多数少接触古典音乐的人来说，它是。但 Raymond 认为古典音乐并不是大家想象中的那样"离地"和催眠。相反它可以是贴地、有故事、有起承转合和情感的。为了让年轻人更能体会古典音乐之美，Raymond 所创办的澳门钢琴协会便举办了不少别开生面的音乐会。协会曾结合钢琴、管乐、弦乐、独唱、合唱、流行音乐、粤曲等形式演出《乐友汇聚》音乐会，也曾举办将古典及流行音乐会结合的《鬼马音乐狂想曲》之古典音乐笑赏会等等。

2017 年，协会更推出"《鬼马音乐狂想曲》之三个小生去长征"音乐会，联同本地知名重唱团 Water Singers 及弦乐四重奏 Opus-A 打造一个音乐、戏剧、歌唱、影像的多媒体盛宴。Raymond 说《鬼马音乐狂想曲》在资源紧绌下可能是最后一次举办了，但是次的表现却比以往破格。Raymond 说

《乐友汇聚》音乐会由 Raymond 所创办的
澳门钢琴协会举办（图片由受访者提供）

在《乐友汇聚》音乐会上，Raymond 以
钢琴为粤曲伴奏（图片由受访者提供）

节目反映社会现状："我想要让艺术更贴地。剧中的三个小生各自面对着人生的难关，道出现代人的生活压力，可能是买不起楼，亦可能是找不到生活价值，在这种状态之下，要如何逆道而行，改变心态，让音乐奏出自己的声音，坚持自己的初衷。"

《鬼马音乐狂想曲》之古典音乐笑赏会以古典及流行音乐会结合演出，让古典音乐更贴地
（图片由受访者提供）

33 朝气超人发放正能量

——专访电台主持汤焯言

有 "朝气超人"之称的汤焯言（Ocean）是澳门电台清晨节目《朝朝有朝气》的主持。平日早上六点半至八点打开电台，都会听到他以充满朝气的声音，为听众带来最新的天气简报。多年来，他风雨不动地"开咪"（打开话筒主持节目），透过大气电波发放正能量。

有"朝气超人"之称的汤焯言（Ocean）是澳门电台清晨节目《朝朝有朝气》的主持。平日早上六点半至八点打开电台，都会听到他以充满朝气的声音，为听众带来最新的天气简报。此外，Ocean 经常在节目中分享励志故事，又擅长一人声演多角，因此他的节目吸引了不少早起的上班族、学生和粉丝收听。

不知不觉，Ocean 主持《朝朝有朝气》已逾八年，多年来，他风雨不改地"开咪"。逢星期一至星期五要做节目的日子，他都是早上 5 点 10 分起床，6 点到达直播室，然后马上变身"朝气超人"，透过大气电波发放正能量。采访 Ocean 当日，他便在节目中分享了一个关于"让座"的故事，感动人心，令听众明白感恩的重要性。

"朝气超人" Ocean 是清晨电台节目的主持

人生第一封求职信寄给电台

Ocean 也是一位建筑师，从事建筑设计工作多年，工余嗜好是"开咪"做主持。被问到何时开始听电台，Ocean 说："中学时已有留意，平时爱听香港的电台节目，尤其喜欢商台、新城制作的广播剧，令人沉迷。在福建读大学时，亦有参与校园电台的节目，过程很愉快。"

2008年，修读建筑学的Ocean大学毕业，他顺理成章投身曾实习过的建筑公司，但其实他人生寄出的第一封求职信，却是给了电台。他说："当时在网上看到电台有主持职位空缺，便寄了求职信过去，没想到会收到面试通知，最终还被成功录取，成为广播界一员。"

Ocean还记得当时考电台要过三关。"首先要和电台总监进行面试，如果对方觉得你适合做主持，便会安排你试咪，录一两集模拟节目，看看效果如何。若顺利通过的话，电台会安排你在现有的节目中担任实习主持，表现合格的话，才能成为正式主持。"

经过约半年的培训，Ocean终于被认可有独立主持的能力，当时他有两个工作选择，一是主持清晨节目（早上6点半至8点），逢星期一至星期五；二是主持凌晨节目（凌晨2点至6点），只需做一日。结果Ocean毫不犹豫地选择了前者，他认为自己虽然是新主持，但不介意工作辛苦一点，并认为这是一次很好的磨炼机会。

主持全新清晨节目

接过前辈的交棒，Ocean在2009年5月开始主持全新节目《朝朝有朝气》，他坦言初次担大旗很紧张。"每个节目都有预先编排好的流程，主持需按指示，控制说话的节

逢星期一至星期五6点半准时"开咪"
（图片由受访者提供）

奏和时间，以及兼顾播新闻、读天气等环节，才能顺利完成节目。节目出街后，可能会收到一些批评的声音，你就要学习从中反思，及时调整和端正态度。"

谈到当主持印象最深刻的事，Ocean 表示："由于主持清晨节目，所以每到台风季节，便会觉得自己的工作使命感很强。有不少准备出门的上班族、学生，都是靠听电台来留意天气，才能知道自己是否需要上班或上课。当每次知道可能要出现大台风，我都会提早到直播室做准备，而新闻部就在我们附近，同事们都忙得不可开交，紧贴最新的天气情况，然后撰写新闻稿，再交由我报天气。"

最令 Ocean 欣慰的是，他发现电台主持可以通过大气电波，用故事感染别人，从而帮助到不同的人。"曾收到一位狱中的听众来信，信中提到她

对 Ocean 来说，电台的工作使命感很强
（图片由受访者提供）

每次听我的节目，都会得到鼓励，并承认自己当初做错了，正在努力学习，将来重返社会做更多有意义的事。出狱后的她，也真的做到了。另一件事是有个小朋友曾告诉我，他被同学抢了 100 元，当时他不敢告诉老师和家人。我在节目中提到这件事，没想到他的老师是听众，就替他讨回了公道。"

电台工作任重道远

除了做电台主持外，Ocean 也喜欢演话剧
（图片由受访者提供）

随着当主持的日子渐久，为了寻求突破，Ocean 为自己构思了"朝气超人"这一新形象。"灵感当然是来自我主持的清晨节目

《朝朝有朝气》，而'朝气超人'的任务就是要为人类带来希望和帮助。我为节目录的宣传语是'早晨，变身！'因为每个早起的上班族、家长、学生都要刷牙、洗脸和换衫，好似'变身'一样，继而成为社会所需要的不同角色。"

不少听众被电台主持的声音吸引，却不了解他们工作背后的辛酸。电台是一年365日全天候广播的，主持想要放假休息，只得请别人帮手顶班，换言之，这工作其实非常困身！不过Ocean却表示早已习惯了："对我来说，'开咪'既是工作，也是兴趣，最大的满足感是可以向听众推介一些有意义的活动，分享自己感兴趣的歌曲或故事，所以我每次准备节目数据时都是满心期待的。以前我并非一个能言善道的人，后来通过做节目不断训练，才开始对口才有自信。当然听众长久以来的支持最重要，他们会寄信、心意卡或者送礼物给我，这些都是我坚持做下去的动力。"

凭着对这份工作的热爱，Ocean多年来坚持于清晨时段"开咪"，尽管已有一些同期接受培训的主持相继离开，他却表示自己从来没想过放弃。"现在是自媒体年代，几乎每个人都可以利用直播软件做主持。不过，我还是很向往在电台工作，因为它赋予了我一个广播人的身份。犹记得日本发生'3·11大地震'时，有些地区网络瘫痪，灾民只能通过收听电台来留意最新报道，因此，我觉得电台有其作用和价值，不会被淘汰。至于有人认为听电台很Out，那意味

收到听众来信，是"开咪"的动力
（图片由受访者提供）

2016年圣诞节，Ocean搞了个"圣诞老人变身大行动"，只要听众留言说想要圣诞卡，他就会亲自送圣诞卡给对方（图片由受访者提供）

着电台主持们要更努力，炮制能紧贴时代步伐的节目。"

　　活力无限的 Ocean 更在 Facebook 开了个粉丝专页，并制作了《澳门值得更好》这个网上节目在专页中播出。他说："我很喜欢澳门这成长地，于是想邀请各行业的人一齐录节目，讨论与本地相关的话题。首集主题是'骑行改变城市'，邀得单车狂热爱好者、城市发展专家做嘉宾，一齐探讨在小城实行'共享单车'的可能性，希望大家会喜欢这节目。"

制作网上节目《澳门值得更好》（图片由受访者提供）

34 挫折，是人生最好的礼物

——专访本地歌手何嘉茵

人生每一次跌倒，都给了机会让我们学习爬起来。喜欢唱歌的何嘉茵（Cherry），在2012年，双腿突然失去知觉，在一次又一次沮丧与希望之间挣扎，靠着意志重新学行，她终于在家人和朋友的陪伴下，又一次站上舞台，继续唱着歌。

　　人生每一次跌倒，都给了机会让我们学习爬起来。在撑过痛苦以后，回首会发现，让我们领悟了、成长了的礼物也在手里了，何嘉茵（Cherry）就是那个拿到礼物的人。嘉茵一直很喜欢唱歌，已出道超过十年的她，在2012年时跌入一个当时看不见尽头的深谷：她突然双腿失去知觉，也无法查出原因。在一次又一次沮丧与希望之间挣扎，靠着意志重新学行，她终于在家人和朋友的陪伴下，又一次站上舞台，继续唱着歌，并且把自己的故事记录成书，纪念这几年来拿到的那份《最好的礼物》。

何嘉茵将自己"重新学行"的经历编撰成书，推出《最好的礼物》

失控跌入谷底的人生

　　何嘉茵出道超过十年，以一曲原创歌曲《纯属虚构》为人所熟知。毕业后的嘉茵在酒店从事培训工作，是一个百分百工作狂，但一场大病令嘉茵的双腿失去知觉，仿佛连人生也失控停摆。但这样的经历却让嘉茵重新学习生活："以前我是一个拼命冲的人，非常好胜，也不顾自己身体，直到双腿失去知觉，我才领略到什么叫作珍惜当下，也开始学会了去欣赏生活里的一切。从以前很霸气、很急躁的自己，变成了一个随和及学会感恩的人，现在起床看到太阳都会觉得感恩，因为我知道所有幸福都不是必然的，人生真的很无常。"

2012 年，嘉茵因感到腰部不适而求医，不料走出诊所门口后，双腿突然像断了电一样失去了知觉，令她跪倒在人来人往的马路中心。不知发生什么事的她惶恐大哭，却又要挤出乐观的态度说没事，以免身边的人担心。寻遍名医的嘉茵也不知道病因为何，那时专科医生问了她一句："你觉得自己会唔会好返（好转）？"嘉茵非常坚定地回答："一定会！"嘉茵说她知道自己不能倒下："当时我知道我一定要埋下一颗相信的种子，我不可以输给自己的意志。"后来她坚持做物理治疗，慢慢扶架一步步行走。但怎料，她再一次跌倒，情况比之前更严重，要卧病在床。"那时找到一位军医，他说我是因为颈椎问题，于是用了在颈椎至尾骨打葡萄糖针的方法治疗，但情况却一直反反复复。"

只要不放弃　总会遇见希望

当时嘉茵的病情并不乐观，有时连基本的排泄都需要男友帮忙扶助完成。嘉茵躲起来哭过无数次，有一次真的想放弃，甚至出现轻生的念头："当时我想着全世界都不要我了，我跟男友说不要再理我，让我自生自灭吧！我觉得自己欠他太多，不想拖累他，让他一辈子照顾一个伤残人士，我要他离开我，我不想辜负了这个好男生。"男友听到后大骂嘉茵一顿说："无论如何我都不会离开你，你不要以为只有你自己一个人受苦，我在精神上也和你一起受苦的。"嘉茵被男友骂醒了，觉得有人陪自己一起，不能辜负他们，所以决定再试一次。一次又一次仿如婴儿学行，嘉茵说过程其实比婴儿学行更辛苦："因为大人有重量会容易失重，而且问题在于无论怎么用脑使唤脚，脚也没反应，上下肢体仿佛短路一样。初时是靠男友抓着我的脚移动，慢慢

嘉茵每天都花很多时间不断地复健，如婴儿一样重新学行（图片由受访者提供）

一步步去重新感受和协调身体。"

当经历了一次又一次的练习，嘉茵终于在两年多后能靠自己双腿走路了。她回想当时兴奋的心情："其实当时可以拄着拐杖走路已经开心得不得了，我感受到可以靠自己的双脚，走到想去的地方，自由地随心所欲去做任何事，那种感觉好可贵。这个病，让我真正地慢了下来，让我再一次能感受生活。"

生命中最重要的人

历经如此大的挫折，嘉茵觉得最大动力是家人和朋友的鼓励，但嘉茵生命中最重要的莫过于这两个男人——当时青梅竹马的男友（现在的丈夫），还有一直陪她走歌手路、助她实现梦想的澳门歌手罗嘉豪。嘉茵说筹备新书

在丈夫的照顾和鼓励下，嘉茵才能撑过那段抗病的日子（图片由受访者提供）

《最好的礼物》时，才知道丈夫当时的辛酸："其中有篇是由我先生的角度出发写的，讲述了他当时的心情。我也是最近才知道，原来当时的他因背着我四处寻医，把腰弄伤了。看到那篇文章，我体会到他当时的心情和辛苦，真的觉得很感激这一路上有他的陪伴。"

罗嘉豪是嘉茵的知己，嘉茵

说《最好的礼物》的故事中，如果抽走嘉豪的篇幅，书本应该会少二三十页，她以此来形容罗嘉豪在她生命中的不可或缺。罗嘉豪与嘉茵在中学时期以 Summer Partner 组合形式出道，嘉茵说，如果没有罗嘉豪，自己也可能不会再当歌手了。她说："当初患病后，我觉得自己没可能再踏上舞台，我把家里

《最好的礼物》记录嘉茵出道超过十年的追梦故事（图片由受访者提供）

的表演服、高跟鞋都转赠或是丢掉了。我觉得自己的歌手生涯会就此画上句号，尽管我知道自己还是很想站上舞台唱歌。就在 2013 年，嘉豪正在筹备第一首新年歌《有运到》，他就是可以看穿我其实没有想放弃，说一句'预埋你了（算上你一份）！'就再把我带回录音室。当时只能扶着拐杖的我，却在再次唱歌后的两三个月，可不用拐杖，用双脚行走。"能够再次唱歌，可能连嘉茵体内的细胞都感到兴奋雀跃，她的病奇迹般地好了起来。到后来痊愈，更推出了人生第一张大碟《My Dear Cherry》，嘉茵圆了当歌手的终极梦想。

重生后的美好礼物

重新站起来的嘉茵，圆着歌手的梦，有个爱她的丈夫，让她切身感受到健康平安就是一种幸福了。但原来还可以更幸福，因为还有一个最宝贵的礼物，在嘉茵的肚子里等待着出生呢。在筹备新书时嘉茵发现自己怀孕了，虽然前期边孕吐还要边写书，压力很大，但她说完成了这本小自传，也好像为过去的低谷日子画上了一个句号。

罗嘉豪和歌手祖丝更分别填词作曲，为嘉茵创作了一首《礼物》，嘉茵说看到歌词已经感动得哭了："虽然当时患病的阴影还在，但生命里有了

在新书发布会，一众歌手及好友到场力挺（图片由受访者提供）

BB 这么大的礼物，让我要学习更坚强。"就如歌词中"Baby I wanna hold you close，Baby I got a hold on hope，是你已教晓我活在盼望，让每天都美好"。

　　只有越过那些痛苦和挫折，终有一天，定能拆开那生命中最美好的礼物。

痊愈后，嘉茵再次踏上舞台，更推出了人生第一张大碟《My Dear Cherry》
（图片由受访者提供）

35 坚定自我，洁身自爱

——专访微电影《高菁》主角高菁

微电影《高菁》，故事由真人真事改编，戏剧性的情节都发生在高菁自己的真实青春里。在缺乏关爱的成长环境下，高菁却未因此走上歪路，甚至比别人更懂得感受情绪，理解和宽恕。

由澳门文创艺术志愿者协会主办、SP Entertainment 出品（超级娱乐）、澳门社会工作局赞助的微电影《高菁》，邀得香港著名演员唐宁、本澳戏剧界资深演员李俊杰及新晋演员高菁领衔主演。故事由真人真事改编，戏剧性的情节都发生在高菁自己的真实青春里。在缺乏关爱的成长环境下，高菁却未因此走上歪路，甚至比别人更懂得感受情绪，理解和宽恕。情感丰富的她，因缘际遇下踏上了演员之路，如今再次面对伤痛，再次饰演自己的人生，她表示希望透过影片带出"坚定自我，洁身自爱"的正面讯息。

高菁拍摄《高菁》时，再次穿起母校校服（图片由受访者提供）

比戏剧更戏剧的人生

年纪轻轻的高菁是一名大学生，她选择修读社工系，也一边担任演员，曾参演《超时空地球保卫战》（Ⅰ、Ⅱ）、《冲线》《花与别离》等多出微电影及网剧。高菁一心想要做些有意义的事帮助别人，做一颗小火苗温暖别人，这光明的出发点背后却经历过许多伤痛和黑暗。或许是这些比戏剧更戏剧的经历，才让这位女孩坚强又懂事。

高菁小时候曾有个美满家庭，但一切就在父母离异后破碎了。高菁说自己是"目睹儿童"（指未满 18 岁之儿童与青少年以看见、听见或事后得知的方式，察觉到双亲一方对另一方施予身体、精神等方面的暴力），性格也非常自卑。她目睹自己家庭发生很多悲剧，妈妈曾误交损友而染上毒瘾，

高菁一边担任演员，一边当社工系学生，希望藉此感染别人，传递正能量

她对妈妈吸毒非常抗拒："我那时候觉得吸毒好恶心，因为吸毒让妈妈变成另一个人，脾气变得好差，我觉得毒品改变了家人。但如今我已经不再生他们的气了，虽然那些伤痛可能要时间才能疗愈，但我开始去懂得和理解他们当时的难处，我懂得他们的无可奈何。其实如果选择不原谅他们，大概就是一种逃避吧。我知道父母并不是故意要伤害我，我理解每一件事背后也是有原因的。"

妈妈后来被安排到戒毒中心，高菁又生气又心痛，但转念一想，她觉得妈妈在那里可能也是一件好事，至少有个重生的机会。高菁的成长故事被赤裸裸地改编到银幕上，可能外人都会觉得"家丑不可外传"，但她并不畏惧闲言闲语，只想让同样成长在破碎家庭的人知道："你们并不奇怪，也可以勇敢走出来。"这份能面对伤痛的勇敢，只有走过来的人才会懂。

高菁的成长过程，经历过许多迷惘
（图片由受访者提供）

种种成长经历，让高菁成为一个非常懂事
的人（图片由受访者提供）

寻找树洞倾诉跨过黑暗

高菁是一位破碎家庭的受害者，生活要自给自足，她中学时期经常过着没水没电的日子，因为家境困难没有缴费；也曾试过要做手术但没有监护人签名。在这样孤立无援的状态下，她变得很自卑，也曾怀疑自己的生存意义而想过轻生。幸好，高菁并不像电影里在学校被排挤，反而是学校成为她的避风港。

在家里没有水电的时候，她会到同学家借住、洗校服，高菁说因此变得有很多个"妈妈"："我到不同同学家借住，同学的妈妈都会煮饭给我吃，甚至还非常关心我，那些关心虽不能比拟亲生子女，但我真切地感受到被关心、被爱护的感觉。"在黑暗中失去人生方向时，高菁也有幸得学校社工开导，她说："其实中学的社工和同学的关系也很亲密，在钻了牛角尖的时候，我会主动找社工倾诉，他们就像我的树洞一样，细心聆听我的故事，还会耐心开解我。后来我也决定要更努力读书，因为我想成为有用的人。"

跟专业演员偷师

唐宁在微电影中饰演高菁的妈妈，高菁坦言从前辈身上学到很多东西："我好感激唐宁妈妈非常照顾我，她会告诉我要怎样面对镜头，要想象镜头里的画面。还有就是她的演技一流，有一场蹲坐在厨房情绪激动的戏，就算地板很脏，就算在换机位没有在拍，她仍然坐在地上培养情绪，我被她敬业的态度所感动。"

唐宁在戏中饰演高菁妈妈，在戏外却像亲姐姐般照顾高菁（图片由受访者提供）

谈到最让高菁难忘的一场戏，她表示是妈妈要被带去戒毒所的一场："我心痛得落下眼泪，不想妈妈被带走，但也无法理解她为何染上毒瘾，她明明是很爱我的妈妈，却又伤害我，我曾经恨她，现在明白是'爱之深，恨之切'。"

电影里有很多真实对白，拍摄时，高菁又再次回到当时场景，重演一次那些伤痛，她花了很多勇气去克服面对："我花了很多时间面对，其实在拍《高菁》前，我参加过这次饰演我爸爸的李俊杰（Jacky）的剧场《Choice

2.0》，他要我们自己写剧本，于是我便写了自己的故事，到要读剧本时，我哭了整整二十几分钟，完全演不下去，我知道自己未面对到。而我知道，时间未必可以冲淡一切，毕竟这是多年来的伤，但我会选择慢慢去勇敢面对。"后来到《高菁》时，高菁也慢慢调整了心态："我懂得做演员要学会抽离和代入的拿捏，我告诉自己这是角色而不是做自己，要代入角色去感受和演绎不同情绪。"《高菁》的动人，或许不单是因为故事真实，更重要的是，那里承载着主角面对过去伤痛的勇气。

高菁和唐宁有不少对手戏（图片由受访者提供）

微电影《高菁》，由澳门文创艺术志愿者及香港导演晴朗带来的专业团队共同拍摄（图片由受访者提供）

36 娱乐产业幕后推手

——专访两代艺人经理人

大家对于艺人经理人的印象，或许认为只是歌手在得奖台上经常会感激多谢的人，但其实经理人实质工作是做什么的呢？为什么歌手得奖时，总会感动落泪地多谢经理人？这些可能大家都不知道。我们请来了"初代"全职经理人陈庭锋和现职鼚映娱乐制作公关及艺人部经理杨家恩（Elsa），与大家分享一下他们当经理人的经验。

　　大家对于艺人经理人的印象，或许认为只是歌手在得奖台上经常会感激多谢的人，但其实经理人实质工作是做什么的呢？为什么歌手得奖时，总会感动落泪地多谢经理人？这些可能大家都不知道。我们请来了"初代"全职经理人陈庭锋和现职鹜映娱乐制作公关及艺人部经理杨家恩（Elsa），与大家分享一下他们当经理人的经验。

两代艺人经理人陈庭锋（左）和杨家恩（Elsa）

由媒体人变经理人

　　陈庭锋说："我在做经理人前，已做了七八年 DJ。当时娱乐制作公司的老板，问我想不想转换环境，当全职经理人，为旗下的歌手发展演艺事业。那时澳门的音乐制作属于爆发时期，音乐制作比过往任何时期都更用心，而且更愿意投入资源，同时我也被该公司给予艺人和经理人的愿景所吸引，于是就放弃最喜爱的媒体工作，转行做经理人。"

　　虽然澳门一直有歌手，但演艺行业没有像香港、台湾或内地般发展成熟，歌手不能单靠表演维生，而当时也没有公司肯投资歌手做全职艺人，所以很多时候，歌手要担任自己的经理人接洽工作和安排日程，并同时要兼职其他工作维持生计。直到2011年，棋人娱乐制作有限公司决定实行全职歌手制，庭锋获邀成为全职受薪经理人，让旗下歌手可专心发展演艺事业，他所管理过的艺人包括小肥、陈慧敏、倪力、苏耀光和程文政等。虽然庭锋现在已不再是经理人，但一些娱乐公司还会找他做顾问。

陈庭锋笑言曾放弃最喜爱的媒体工作，
转行做经理人

幕后工作一脚踢

另一位经理人Elsa入行的经历与庭锋截然不同。Elsa由大学时期开始，兼任公关方面工作，毕业后入职娱乐公司从事公关职位，但后来公司发展艺人部，所以Elsa也兼任艺人部经理。她所管理的艺人，除了歌手，还有司仪、模特和运动员等，配合公司多元化发展的需求。

提到经理人的工作内容，可能大家以为只是帮助艺人接洽工作，安排工作日程，但原来经理人要做的远比我们能想象的多。由于澳门演艺行业尚未发展成熟，娱乐公司资源有限，经理人往往要兼任

Elsa形容，经理人的工作
就像"大杂烩"

艺人的保姆、司机和助手等，有时还要在台下帮艺人拿外套和手袋。庭锋笑说，他曾被人误认是歌手助手，甚至是男朋友。而 Elsa 形容，经理人的工作就像一锅"大杂烩"。此外，他们都异口同声地说，经理人更多时候是担任艺人的心理治疗师。

Elsa 所管理的艺人有司仪、歌手和模特等（图片由受访者提供）

庭锋说："艺人们是感性的，如果太久没有演出，就会有情绪波动和信心动摇。所以作为经理人，一定要帮助他们挽回信心。"他提到与歌手陈慧敏的合作，陈慧敏心思细密，但有时会容易令自己分心。"高跟鞋太高要理，衣服不漂亮又要理，但我会对她说只要认真唱好歌，其他事就不要理，当你把歌唱得好了，别人不会介意你穿什么鞋、哪条裙怎样，就像参加《超级巨声》时，大家只记得陈慧敏认真地唱了一首《岁月的童话》。"

Elsa 表示，经理人很多时候要安抚艺人的情绪，让他们更投入事业发展。以旗下的艺人大头为例，他个人喜爱的风格与主流市场需求不一样，但经理人就要在商业考虑与艺人需求之间取得平衡，与艺人做好协调和沟通。

庭锋曾是歌手陈慧敏的经理人
（图片由受访者提供）

Elsa 与公司歌手大头合照
（图片由受访者提供）

庭锋则说，经理人像一个谈判者，要平衡艺人、公司和客户之间的利益，过程非常艰辛。

精通"十八般武艺"

作为一位成功的经理人，既要帮助艺人实现演出梦想，又要为公司盈利。二人都认为需要主动出击，不能只是被动地等待机会到来。

庭锋表示，当公司实行全职艺人制度后，经过努力的经营，虽然有客人找上门主动邀请旗下艺人出席表演，但仍未能令公司转亏为盈，投资全职艺人涉及的成本至少要七位数，所以做经理人必须主动出击，为艺人争取机会。例如在 2013 年，他成功争取与旅游局合作，推出旅游主题曲《有礼都市》，邀请旗下艺人小肥、陈慧敏和外邀彭永琛合唱。而在推出这首歌后，

Elsa 与公司旗下艺人一起出席活动（图片由受访者提供）

紧接的是一连串推广活动，让三位歌手带着主题曲《有礼都市》不断演出，令到该年公司收入增加。Elsa 也表示，或者客户只需要代言的艺人出席活动，但她会想得更多，例如说服客户可以多用一些艺人助庆表演，令整个活动更热闹。

在经理人的世界，究竟是男性还是女性吃香一点？庭锋认为从目前业界来看，男性会吃香一点，因为很多工作洽谈的场面都是男性居多。但他认为无论是男性或是女性，作为经理人，都需要精通"十八般武艺"，见招拆招。

公司艺人出席音乐颁奖礼，收获丰富（图片由受访者提供）

37 让大专篮球赛发热发亮

——访专上篮球代表队领队、教练、学员

澳门专上学生体育联会自 1996 年成立以来，举办过多项本地大学生赛事，以及曾多次带领大学生外出参赛，让本澳大专学生运动员获得参与国际赛经验，提高本澳体育竞技水平。

　　澳门专上学生体育联会（下称"专上"）自 1996 年成立以来，举办过多项本地大学生赛事，以及曾多次带领大学生外出参赛，让本澳大专学生运动员获得参与国际赛经验，提高本澳体育竞技水平。

　　2016 年 7 月，"第二届亚洲大学生三人篮球锦标赛"首次在澳门举行，赛事由专上承办。澳门大专队男子组"创造奇迹"，击败中国香港队、中国队、韩国队等劲旅，最后憾负伊朗勇夺亚军。同月，专上篮球代表队更再次出征，兵分两路出战"亚洲大学生篮球锦标赛"的男子组、女子组赛事。

男篮强阵出战蒙古国

　　采访当日，记者来到镜平学校中学部的室内篮球场，观察男子组、女子组的备战情况。领队老杰龙、男队教练甄庆业及球员林霆朗、黎家栋，女队教练黄家豪及球员陈敏琪、吴晓彤、陈嘉怡等接受访问。

领队老杰龙

　　在"亚洲大学生三人篮球锦标赛"为澳门勇夺亚军、有"澳门姚明"之称的黎家栋表示："球队取得好成绩，全靠教练战术部署出色。相对中国队、韩国队等强队的选手来说，我们的球员身高偏矮，但脚步较快，可以用速度弥补身材的不足。虽然首场赛事失利，但汲取经验及调整后，球队渐入佳境。大家放松心态去打，反而越打越好。"

　　男篮代表队强阵出战在蒙古国举行的"亚篮赛"，除了有罗协铭、苏华泽及邓万耀等猛将外，专上还征召了许方歆、杨文聪、欧阳效然、林霆朗等多名本澳高级组球员。

担任队长的林霆朗直言球队有实力挑战好成绩："有了之前三人赛的佳绩，证明澳门球员的实力不容忽视。全队都非常有信心，只要针对对手的身高优势做好防守工作，保持一贯快速加拼劲的打球风格，有望取得更好成绩。"他亦感谢专上给予机会，会藉大赛吸取经验，提高自身的竞技水平。

大专男篮球员黎家栋（左）与林霆朗

甄庆业是本澳资深的篮球教练，他从 2002 年开始为澳大担任教练，后更获邀担任专上男队教练。谈到 2016 年"亚篮赛"的备战情况，他说："在澳门练球，最怕是冇球场。幸好得到各团体提供场地，我们在大赛前能一周练三日波。球员的表现和状态都很好，队内气氛相当团结。"

女篮士气高昂撼强队

男队教练甄庆业

女篮代表队于采访日前已出发台北，参与为期一周的"亚篮赛"。这也是女篮队相隔超过十年再次踏足亚洲级别的赛事，意义非凡。经抽签后，女篮被编入 B 线，与泰国及韩国等强队同组。

女队教练黄家豪

教练黄家豪透露，早在四个月前已组织球队，并在暑假期间展开加强训练，希望以最佳状态力争好成绩。他说："澳门女生和外地选手在身高上有不少差距，体力也一样，赛前，女队球员获安排和男队球员一同练习，这样有助提高她们比赛时的对抗能力，相信她们会越打越好。"

和男篮一样，不少女篮球员都是由中学学界赛一直打上大专的，由于打女篮学界赛的人数总体来说比男篮少一些，这班"由细（小）打到大"的女篮球员自然更"识英雄重英雄"，彼此的关系也稔熟，队内气氛团结。是次出战"亚篮赛"的女篮队员包括陈敏琪、麦绮彤、苏芷晴、郑雅斯、吴晓彤、吴家欣、梁凤梅、陈嘉怡、陈静琳、劳美欣、蔡曹儿、谭安如等。

昔日由于各种原因，女篮与外队打球的机会并不多，幸好近年来得到专上和体育局等大力支持，女篮多了外出征战的机会，挑战亚洲劲旅。陈敏琪、吴晓彤、陈嘉怡受访时表示，很珍惜这些难得的比赛机会。陈敏琪称："2015 年我也有参加第一届'亚洲大学生三人篮球锦标赛'，当时澳门女子队被 21 分 K.O.（当比赛落后 21 分，即直接宣告落败），但 2016 年表现明显较好，我们和中国香港队打到最后才分胜负，和泰国队、中国队等强队亦有拉锯。其实，澳门女篮球员实力并不差，缺少的只是大赛经验，透过和这些强敌比试的经验和赛前加强练习，众人的球技都得到显著进步。"

大专女篮球员陈敏琪、吴晓彤与陈嘉怡

专上冀续办高水平竞赛

作为"第二届亚洲大学生三人篮球锦标赛"筹委会主席，老杰龙指筹备工作并不容易，"由于缺乏办这样大型赛事的经验，加上外队一日未落实来澳比赛的时间，对整个筹备工作都有很大影响，因此一直付出很多努力做

一众球员在大赛前积极练习

协调工作。赛事最终圆满结束，并得到亚洲大学生体育联会的高度赞扬及肯定，我也要感谢体育局、澳门大学及澳门理工学院等对这项赛事的支持。澳门男篮取得亚军令人鼓舞，让我们看到推广三人篮球的好机会。希望未来能组织大专学生接受常规的三人篮球训练，确保运动员的竞技水平。"

　　他又指专上未来会继续举办更多不同类型的大学生赛事，让运动员参与高质素的竞技项目，吸取经验，提高水平，同时也让市民感受炽热的体育气氛。

38 澳门足球代表队踢出好成绩

——专访主教练谭又新

20 16 年本地体坛最轰动的消息，莫过于澳门足球代表队夺团结杯亚军。澳足于当年 11 月出战在马来西亚举行的团结杯，一路过关斩将杀入决赛，虽最终惜败尼泊尔，与冠军擦肩而过，但也创下队史国际赛最佳成绩，国际足协排名连跳 12 级，升上第184 位。

　　2016 年本地体坛最轰动的消息，莫过于澳门足球代表队（澳足）夺团结杯亚军。澳足于当年 11 月出战在马来西亚举行的团结杯，一路过关斩将杀入决赛，虽最终惜败尼泊尔，与冠军擦肩而过，但也创下队史国际赛最佳成绩，国际足协排名连跳 12 级，升上第 184 位。此外，澳足在粤澳杯亦有好表现，两回合 5：2 击败广东队，事隔两年重夺赛事冠军。时任主教练谭又新表示，除了球员踢出好表现外，球队的教练团、足总（澳门足球总会）的工作人员、体育局的支持，亦是球队打出好成绩的关键因素。

澳足代表队夺团结杯亚军（图片由受访者提供）

澳足国际赛创佳绩

　　2015 年，澳足代表队遇上俄罗斯世界杯外围赛首轮赛事的考验，未能突围，无缘晋级次圈。亚洲足球联盟（AFC）于 2016 年 11 月首办团结杯，旨在让多支未能跻身世界杯外围赛第二轮、实力较接近的球队进行比赛。澳足赛前以四强为目标，最终却跻身决赛，以一球之差不敌尼泊尔，虽仅夺亚军，但这也是澳足在国际赛事取得的最佳成绩。五战入两球及两助攻的澳门前足球先生梁嘉恒，赛后获选为今届赛事的 MVP（最佳球员），表现值得赞赏。

对于超额完成目标，谭又新表示："虽然未能夺冠，但至少让球员明白到，只要球队够团结，踢出好表现，便能与其他世界排名较高的球队一拼，有实力挑战大赛奖杯。赛事让每位球员都上了宝贵一课，增强了大家的信心和斗心，但切忌自满，要向前看，争取未来更上一层楼。"

第 14 届粤澳杯足球赛中，澳门队拿下金杯（图片由受访者提供）

团结杯的多场比赛中，澳足都是在先落后下反胜。被问到如何指导球队踢"逆境波"，谭又新说："球员要克服劣势的心理，不能只靠教练在半场休息时从旁提醒，更重要是在平时训练中不断向球员灌输团队合作才能赢波的理念。无论是正选或后备，每个球员的角色都很重要，除了要相信自己，也要信任队友，做好配合工作，这样全队才会有好发挥。"

澳足虽在决赛饮恨，但场上的发挥、运动员的拼劲和争胜心得到广大球迷的认同。据悉，当时决赛设有网上直播，录得超过 6 万人观看，相信当中不少是本地球迷。

本地球坛渐受关注

谭又新坦言本地球坛近年渐受关注，得益于传统媒体和网络新媒体不

谭又新认为，球员要踢出好表现，需端正态度（图片由受访者提供）

断发展，不少球员亦得到比以往更多的曝光机会，从而提高了知名度，逐渐被市民所认识和了解。他又说："但老实说，运动项目需要不断创造佳绩，才能得到市民的持续支持和关注。当然，我们不能保证每场赛事都赢，但我认为球队要付出最大的努力，就算输了，也要让球迷看到你的表现是积极的、拼搏的，他们才会心甘情愿继续支持你。"

澳足代表队阵中不乏出色的年轻球员，例如其时效力香港飞马的梁嘉恒、本澳足球先生陈敏，等等。谭又新指出，他们除了拥有出众的球技外，

澳足代表队阵中不乏出色的年轻球员（图片由受访者提供）

更令人欣赏的是其专业态度。他说："澳门没有职业联赛，联赛中大多是业余球员，他们要收工后才能接受训练，不过，这其实不代表澳门的球员，不能向其他地区的职业球员挑战，像梁嘉恒，我是他以前 U14 的教练，看着他的成长和进步。他完成教练要求的指定训练外，还会私下抽时间做练习，务求得到进步。只要球员肯端正态度，牺牲平时的私人时间来进行练习，这样本地足球的水平定会不断提高。"

为不同梯队储人才

年轻时的谭又新也曾是澳足代表队一员，由球员到教练，身份上的转变令他感受颇深，"我在 80 年代开始踢球，当时也没有什么可以玩，大家都好认真去踢。现在时代不同了，大家处于娱乐范畴多样和物质生活丰富的社会，可想而知，球员是较难将全副心机放在足球上的。但相较之下，现在的球员的确是幸福了，因有不同的人在背后支持他们，例如足总会为他们安排友谊赛，让他们多到外地吸收比赛经验；教练团会在赛前为他们做技术分

谭又新冀澳足未来能有更好成绩（图片由受访者提供）

析，找来一些对手的影片一齐研究，赛后还会写检讨报告，发现问题查找不足；球队阵中还有体能教练、营养导师等，因应球员需要做贴心照顾。"

谭又新表示："当然，我们还未有成熟的条件打造职业联赛，但球员也可以对自身要求更高一些，例如付出更多时间和努力接受训练，因为每次都是代表澳门出战，背负着总会和球迷的期望，责任一点也不轻。我们做教练的，就是教育他们如果喜欢这项运动的话，就要全程投入，不能半途而废。"

澳门足球总会 2016 年委任谭又新出任澳门代表队及发展队总教练，任期至 2017 年 1 月。谭又新表示自己会在任期内做好教练工作，为本地球坛献力。他说，除了澳足代表队有好成绩外，其实近年来本地甲组联赛和青少年足球的发展也在不断进步，在体育局和总会大力支持下，澳足具有不同年龄层的梯队球员。只有不断储备年轻人才，未来才会继续有好的成人队球员涌现。

（后记：2017 年，谭又新因个人及家庭原因暂卸澳足教鞭。）

39 挑战自我，"绳"梦飞翔

——专访澳门绳索协会

绳索除了可用于康乐运动外，也是一种保命的工具，例如探洞、登山、地盘工作、舞台设计等都需要用到绳索技术。为了促进这项技术向更系统性、更专业化的方向发展，崔柏钊、郑嘉威等一班本澳绳索爱好者于2017年3月成立澳门绳索协会。

绳索除了可用于康乐运动外，也是一种保命的工具，例如探洞、登山、地盘工作、舞台设计等都需要用到绳索技术。为了促进这项技术向更系统性、更专业化的方向发展，崔柏钊、郑嘉威等一班本澳绳索爱好者于 2017 年 3 月成立澳门绳索协会，为有兴趣接触及发展绳索技术的人士提供交流平台，并举办培训课程和组织活动，让更多市民认识和了解绳索技术。

崔柏钊（右）和郑嘉威热爱"玩绳"

绳索引领探索秘景

绳索协会成立前，本澳已拥有一群绳索爱好者。其中不得不提人称"绳索界大师兄"的黄国荣，他最初接触攀爬运动，后来转玩高空绳索，并组织志趣相投的朋友一起"玩绳"。众人初期在澳门发掘具有"玩绳"条件的天然岩壁、洞穴，例如大担角、蝙蝠洞等"秘景"，之后将"玩绳"的足迹延伸到外地，组团到广西、贵州探洞。

2008 年由香港移居来澳的崔柏钊，在一次青少年活动上与"大师兄"结缘，在对方邀请下，他首次接触高空绳索，并彻底爱上这项运动。"当晚我们到路环九澳圣母村的蝙蝠洞'玩绳''玩飞索'，还一起行夜山，其间搞了个户外烹饪比赛，气氛热闹。"

出于贪玩和好奇心，崔柏钊自此定期跟着"大师兄"去探索不同的地点，"当时经常出来'玩绳'的人不多，但两至三人即可成团。随着练习的日子久了，我也由当初的一无所知，变得越来越沉迷。虽然具有挑战性，但只要敢于尝试，刻苦接受训练，很多困难都能迎刃而解。最令人着迷的是，'玩绳'可以令我停留在一些常人没法企及的地方，看到不一样的美丽风景，感觉好正。"

2017 年 3 月，澳门绳索协会正式成立
（图片由受访者提供）

命悬一绳稳中求变

崔柏钊表示，目前在澳门玩高空绳索的中坚，大多属业余性质，但承袭了前辈教授的一套玩法，非常着重安全。他说："'玩绳'讲求'科学化'，什么都要有数据支持。例如用绳索去到目的地的方法有很多，绳结

停留在一些常人没法企及的地方，看到不一样的美丽风景！（图片由受访者提供）

也有很多种，究竟哪种方法最适合，当中有什么利弊，全都要周详考虑和分析。此外，亦要注意各种器材的使用须知和保养情况，毕竟这是一项'性命攸关'的运动。"

"玩绳"讲求"科学化"，事前工夫要
准备周详（图片由受访者提供）

被问到家人会否担心他"玩绳"时发生意外，崔柏钊坦言结婚前曾带女友（现在的太太）一起"玩绳"，让她见识到自己参与这项运动的投入和认真，从而打消对方胡思乱想的念头。

崔柏钊说："最初'玩绳'是出于好奇，后来接受专业训练，觉得这是一项有益身心的运动。我们曾指导青少年接触这项运动，是想栽培他们成为技术员吗？不是的，反而是想训练他们的心理质素，提高自信，克服恐惧。此外，绳索技术还能应用到生活上，学习这项技能和系统知识，有助提高分析和适应能力，对在现实生活中做判断大有裨益。"

不断练习学无止境

郑嘉威是运动爱好者，好奇心极强，曾参与独木舟、扒龙舟、行山、攀岩等运动。在攀岩教练的提议下，他于2014年开始接触高空绳索，亦从此成为发烧友，用他的话来说，是对"玩绳"到了"泥足深陷"的地步。

2015年，嘉威因打篮球十字韧带受伤，被迫停止所有运动，直至2016年完全康复，他才再次投入"玩绳"，并特意赴台湾报读课程考取IRATA（国际工业绳索技术作业协会）国际证照，及后与崔柏钊等往贵州探洞。

崔柏钊组织同伴往贵州探洞（图片由受访者提供）

不说不知，嘉威原来畏高，为什么会玩高空绳索？他说："玩的时候不知高，而且在不同的环境要运用不同的器材和技术，觉得很有趣。在我的眼中，学绳是无止境的，最初玩时见到前辈们很厉害，佩服之余心里也想追赶他们的步伐，我不想做别人的负累，反而想成为他们的队友，大家处于同一

洞里的环境得天独厚（图片由受访者提供）

高水平的竞技状态才好玩，而且去玩时也更安全。"

　　谈到参与高空绳索最难忘的经历，他说是去贵州探洞前，在澳门疯狂练习。"澳门没有那么多'玩绳'场地和天然环境，唯一办法就是提升技术，出外面对环境就不会怕，通过不断练习，对自己的技术也更有自信。我第一次去贵州探洞时已'上瘾'，觉得洞里的环境得天独厚，美得难以用笔墨形容。我很享受留在队伍的最后位置，等前方的人走远，我会关掉头上的照明灯，享受漆黑的感觉。"

40 澳门电竞业蓄势待发

——专访澳门电子竞技运动产业协会

"打机"（玩游戏）是不少人的共同爱好和集体回忆，小时候的你有没有想过将"打机"变成职业，并凭此赚取丰厚收入？事实上，电子竞技产业已成为全球新兴发展产业之一，产业市场规模潜力极大，不仅被列入大型运动会的体育项目，其网上直播观众群基数庞大，为产业带来无限商机。

　　"打机"是不少人的共同爱好和集体回忆，小时候的你有没有想过将"打机"变成职业，并凭此赚取丰厚收入？事实上，电子竞技产业已成为全球新兴发展产业之一，产业市场规模潜力极大，不仅被列入大型运动会的体育项目，其网上直播观众群基数庞大，为产业带来无限商机。

　　澳门电子竞技运动产业协会（MEIA）理事长施锟钻和会长梁家熙表示，目前电竞在澳门尚处起步阶段，社会认受性不足，协会未来会做好教育工作，推广电竞发展的正面讯息，亦期望政府和社会各界联手推动电竞产业，促进本地产业结构多元化发展。

梁家熙（左）和施锟钻联手推动电竞发展

电竞业潜藏大商机

　　电子竞技（eSports），是指使用电子游戏作为竞赛的一项新式运动项目。电竞业在韩国发展得如火如荼，如举办有大量观众入场的大型电竞比赛。国家体育总局于 2003 年把电子竞技列为我国第 99 项体育项目。于 2007 年在澳门举行的第二届亚洲室内运动会上，就已增设电子竞技为比赛项目。

电子竞技是指使用电子游戏作为竞赛的一项新式运动项目（图片由受访者提供）

当还有人以为电子竞技只是"废青"的癖好时，这项产业已悄悄地带来令人为之震惊的经济收益。游戏市场调研公司 Newzoo Esports 的研究报告指出，全球电子竞技市场在 2017 年的总收入高达 6.55 亿美元（约 52.4 亿澳门元）。

电子竞技产业发展成大趋势，为团结一众本澳电竞爱好者，施锟钻、梁家熙于 2017 年成立澳门电子竞技运动产业协会（MEIA），宗旨为发展及推广澳门电子竞技运动，提升及促进电子竞技影响力，完善本地电竞产业链。

由 MEIA 主办的"第一届澳门电子竞技运动嘉年华"，于 2017 年在威尼斯人举行。现场举办了《英雄联盟》《王者荣耀》《街头霸王》《绝对武力》等电竞赛事，吸引不少电竞同好到场参与。施锟钻表示："由于电竞在本地缺乏重视，政府及民众对该项目的认知还停留在'打机'的印象，因此协会决定举办这次嘉年华，唤起大众关注电竞赛事。事实上，澳门有条件发展电竞业，我们成立协会的目的，就是希望打造平台让更多年轻人发挥，协助他们参与电竞赛事，令他们的天赋不被埋没。"

由 MEIA 主办的"第一届澳门电子竞技运动嘉年华"，吸引不少电竞同好到场参与
（图片由受访者提供）

选手之路不易行

相对于香港和台湾，澳门电竞发展较落后，施锟钻表示："在商业层面看电竞，现阶段很难去做，第一是市场小，第二是社会认受性不足。澳门的电子竞技爱好者不少，特别是战术水平不比临近地区的玩家差，但因缺少职业化平台的支持，本地参赛者经常不能代表澳门参加国际性的赛事，只能加入邻近地区队伍参赛，十分可惜。"

2017 年 4 月，亚洲奥林匹克理事会正式宣布，电子竞技将在 2022 年杭州亚运会成为比赛项目，MEIA 亦计划支持本澳选手参与这项大型赛事。施锟钻表示，据他过往的观察，不少澳门选手过去在香港和内地参赛都取得不错成绩。"我们希望打造平台，让他们接受针对性的训练，在亚运这个大舞台取得成绩。"他又说："目前电竞选手一般是 15~25 岁的青少年或青年，这年纪的选手反应快，易于学习新事物。不过，学生选手想参赛并不容易，因家长和学校未必支持，他们赛前还要接受大量训练，MEIA 冀运用有限的资源，为他们提供锻炼平台。"

电子竞技将在 2022 年杭州亚运会成为比赛项目，MEIA 计划支持本澳选手参与此大型赛事（图片由受访者提供）

优秀选手能靠电竞谋生吗？施锟钻说："参考香港和台湾的经验，有一些电竞选手能在世界级赛事赢取丰厚比赛奖金，此外，他们也会建立个人形象，成为网红，靠拍广告维生。澳门电竞发展起步慢，选手想迈向职业化，

澳门电竞发展起步慢，选手想迈向职业化，首先要完善产业链（图片由受访者提供）

首先要完善产业链。目前本地选手较难参与世界级的赛事，让本地选手走出去，多吸收大赛经验，是我们未来的目标。"

澳门有条件办大型赛事

MEIA 积极做好推动电竞发展的宣传工作，曾是澳大计算机学会会长的梁家熙表示："我们除了搞活动，支持选手参加比赛外，未来亦计划到大专院校开兴趣班，让更多学生认识和参与电竞，携手共进。"

对于不少人将"打机"和"电竞"混淆，梁家熙说："电竞讲求专业化，电竞选手要参加比赛，除了要具备技术外，也要调控饮食及拥有极佳的心理质素，选手要对自己有严格的要求，务求做到最佳状态上场比赛。"

谈到本澳电竞发展的未来，施锟钻表示，"澳门有条件承办港澳台地区的大型电竞赛事，吸引更多同好者参加。我们已尝试接洽有关人士，大家都认为澳门有条件去做，这里的会展场地很优越，不过目前缺乏会搞大型电竞活动的工作人员负责不同的岗位。我们希望透过一系列培训，找到更多人才填补这些岗位。电竞业的发展趋势摆在眼前，但路还是要慢慢走出来。"

澳门目前缺乏会搞大型电竞活动的工作人员（图片由受访者提供）

主编简介

　　萧志伟，第十三届全国人民代表大会澳门特区代表，全国港澳研究会理事，三边委员会成员，天津市工商业联合会第十四届执行委员会副主席，澳门特区政府经济发展委员会经济适度多元政策研究组组长，澳门发展策略研究中心会长，澳门正能量协进会会长。曾任第四、五届澳门立法会议员。

图书在版编目（CIP）数据

正能量：澳门人物故事专访 / 萧志伟主编 . -- 北京：社会科学文献出版社，2019.8
ISBN 978-7-5201-5072-9

Ⅰ.①正… Ⅱ.①萧… Ⅲ.①人物 - 生平事迹 - 澳门 - 现代 Ⅳ.① K820.865.9

中国版本图书馆 CIP 数据核字（2019）第 125004 号

正能量：澳门人物故事专访

主　　编 / 萧志伟

出 版 人 / 谢寿光
责任编辑 / 仇　扬
文稿编辑 / 郭荣荣

出　　版 / 社会科学文献出版社·当代世界出版分社（010）59367004
　　　　　　地址：北京市北三环中路甲 29 号院华龙大厦　邮编：100029
　　　　　　网址：www.ssap.com.cn
发　　行 / 市场营销中心（010）59367081　59367083
印　　装 / 北京盛通印刷股份有限公司

规　　格 / 开　本：880mm×1230mm　1/32
　　　　　　印　张：8.25　字　数：231 千字
版　　次 / 2019 年 8 月第 1 版　2019 年 8 月第 1 次印刷
书　　号 / ISBN 978-7-5201-5072-9
定　　价 / 88.00 元